Hermine-Marie Zehl

Astrologische Vorhersagen

LUDWIG

Inhalt

4 Einleitung
5 Jeder Mensch hat andere Möglichkeiten
5 Prognosemethoden

8 Transite
8 Einführung
13 Planeten im Transit
17 Transite durch die Häuser
32 Aspekte zu den Planeten
45 Hinweise zur Deutung

Die zentralen Themen von Venus-Transiten sind die Gefühlswelt und Fragen nach den persönlichen Wertmaßstäben.

48 Siebenjahres-Rhythmus
48 Einführung
51 Häuserthemen
54 Der Aszendent (AC)
67 Zeichenqualitäten
71 Auslösungen
74 Hinweise zur Deutung

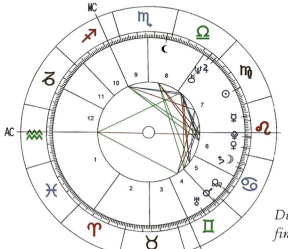

Die Deutung dieses Beispielhoroskops finden Sie auf den Seiten 49ff.

Inhalt

76 **Solar-Horoskop**

76 Einführung
82 Solar-Achsen in den Radix-Häusern
87 Sonne im Solar
90 Planeten im Solar
93 Mondknoten im Solar

94 Literaturverzeichnis
94 Über dieses Buch
95 Register

Bestimmt kennen Sie auch jemanden mit Waage-Aszendenten. Diese Menschen zeichnen sich durch ein heiteres und geselliges Gemüt aus.

Der Transit durch das siebte Haus symbolisiert die zahlreichen – teilweise verborgenen und unentdeckten Facetten unserer Persönlichkeit.

Einleitung

Obwohl astrologische Prognosen manchmal skeptisch beurteilt werden, erweisen sie sich bei näherer Betrachtung als ein gutes Hilfsmittel, Lebensströmungen besser verstehen zu lernen und Zeitqualitäten besser nutzen zu können.

Dieses Buch beschäftigt sich mit astrologischen Vorhersagen, die einen wesentlichen Bestandteil der Astrologie darstellen. Mit diesen Vorhersagen ist das so eine Sache: Sie werden oft – auch von Astrologen selbst – in das Reich der Scharlatanerie verbannt; vielleicht, weil man um die Seriosität der Astrologie fürchtet. Die langjährige Praxis und entsprechende Rückmeldungen haben mir gezeigt, dass man zutreffende Prognosen sehr wohl stellen kann und Tendenzen sehr gut zu erkennen sind.

Ich höre manchmal, dass Menschen Angst haben vor Prognosen. Das ist zwar angesichts der vielen düsteren Weltuntergangsprophezeiungen, die von allen Medien immer wieder dankbar aufgegriffen werden, kein Wunder. Aber dazu ist nur zu sagen: Selten geschieht in unserem Erwachsenenleben etwas, das wir nicht in irgendeiner Form selbst heraufbeschwören. Den berühmten Satz: »Ich will es gar nicht wissen« nehme ich sehr ernst und akzeptiere die Einstellung; sie sollte nur eben nicht von Angst diktiert sein.

Mit Vorhersagen ist es nicht anders als mit der Erstellung eines Geburtshoroskops – es kommt darauf an, wie man damit umgeht! In einem Geburtshoroskop sieht man die Anlagen, Fähigkeiten, Möglichkeiten; Vorhersagen unterliegen, wie das Geburtshoroskop, den Erlebensebenen. Damit ist die Ebene gemeint, auf der eine Planetenkraft erlebt wird. So könnte beispielsweise Mars als Tatkraft ausgelebt werden, aber auch als Aggression, die sich gegen uns selbst oder auch gegen andere richtet. Wenn wir uns wiederum die saturnale Kraft ansehen, so reicht die Palette von völliger Einschränkung bis zu sinnvoller Struktur, von Normen und Maßstäben, die im gesellschaftlichen Sinne erfüllt werden, bis zur Erkenntnis, das Recht auf ein eigenes Leben zu haben. Meiner Erfahrung nach »erkennen« wir die Themen sofort, die für uns wichtig werden, wenn wir uns mit der für uns geltenden Auswahl an Möglichkeiten beschäftigen, denn im Grunde wissen wir – und in jedem Fall unser Unbewusstes –, womit wir uns zu beschäftigen haben bzw. hätten.

Jeder Mensch hat andere Möglichkeiten

Was mit der »für uns geltenden Auswahl an Möglichkeiten« gemeint ist, soll hier kurz noch einmal erläutert werden, denn diese Aussage zeigt wichtige grundsätzliche Grenzen auf, die manchmal übersehen werden. Wir können wohl die Erlebensebenen wechseln, können unser Leben transformieren, aber nicht unbegrenzt und nicht in alle Richtungen. Ich möchte zum besseren Verständnis ein Beispiel wählen, das den Sachverhalt sehr plakativ erklärt: Wenn jemand ein geborener Ackerschachtelhalm ist und nun eine Rosenblüte produzieren will, um mit seiner Schönheit und seinem Duft zu betören, so hat er schlechte Karten. So sehr er sich auch anstrengt, seine Blüte wird nie wie eine Rose aussehen; und selbst wenn seine Blüte schließlich doch einer Rose ähneln sollte, so ist sie so winzig klein, dass sie niemand bemerkt, und das geht natürlich am Charakter der Rose vorbei. Möchte aber dieser Ackerschachtelhalm der größte Heiler auf Gottes Erdboden werden, so hat er gute Karten: denn der Ackerschachtelhalm ist eine Heilpflanze. Das heißt also, dass wir nicht etwas sein können, das nicht in uns angelegt ist; innerhalb unseres Konzeptes aber haben wir alle Möglichkeiten, unsere Anlagen zu entwickeln.

Diesen Gedanken müssen wir natürlich auch auf die Prognosen übertragen, denn auch ein Transit oder eine Auslösung erzählen uns nicht plötzlich Dinge, die mit uns überhaupt nichts zu tun haben. Aber wie bereits gesagt, haben die meisten Menschen im Allgemeinen ein gutes Gespür dafür, welche Themen die unseren sind, wenn – ja, wenn – sie lernen, auf sich zu hören.

Transite zeigen an, auf welchen Lebensgebieten Veränderungen anstehen, der Siebenjahres-Rhythmus und seine Auslösungen beleuchten unseren derzeitigen Standort, und das Solar-Horoskop weist auf Chancen und Herausforderungen eines bestimmten Jahres hin.

Prognosemethoden

In der psychologischen Astrologie werden verschiedene Arten der Prognostik verwendet. Hier werden die drei gängigsten Methoden astrologischer Vorhersagen vorgestellt.

Die Transite

Sie stellen die Wanderung der Planeten durch unser Leben und die Zeit dar. Hier ist aufgeführt, wie die einzelnen Planeten auf ihrer Wanderung durch das Horoskop auf die verschiedenen Lebensgebiete einwirken. Durch die Verbindung der Planeten können wir sehen, wie sich die Qualität manifestieren kann und wie wir ihr am besten begegnen.

Der Siebenjahres-Rhythmus

Alle sieben Jahre wechselt unser Aszendent sein Erscheinungsbild, unser Leben bekommt eine andere Färbung. Für uns ist dies die Chance, Kurskorrekturen vorzunehmen. Unsere Reaktion auf unser »Schicksal« lässt sich zuordnen, verstehen und verändern, wenn wir sehen, welche Planetenkraft im Zuge des siebenjährigen Wechsels zu einem bestimmten Zeitpunkt ihre Wirkung entfaltet.

Das Solar-Horoskop

Das Solar-Horoskop nimmt ein Lebensjahr unter die Lupe. Es geht vom exakten Übergang der Sonne über Ihre Geburtsposition aus, zeigt sozusagen vergrößert die prägenden Qualitäten jeweils für ein Jahr – von Geburtstag zu Geburtstag – und beleuchtet deutlich die anstehenden Themen. Es sagt viel aus über Chancen und zu beachtende Signale.

Ein kluger Spruch…

Wie einmal jemand so treffend bemerkte: Es gibt viele Möglichkeiten, sich unglücklich zu machen. Eine davon wäre, bei jeder Gelegenheit nachzuprüfen, was »das Horoskop« dazu meint. Man kann alles zur »Religion« machen, ob es sich um Ernährung, Anschauungen oder Lebenshilfen handelt. Vorrangig sollen diese Vorhersagen dazu dienen, sich auf die Zeitqualität der eigenen Zukunft einzustimmen, diese konstruktiv zu nutzen und zu gestalten. Es geht darum, zu verstehen, warum etwas Bestimmtes geschieht. Dabei darf man nie aus dem Auge verlieren, dass die Astrologie uns helfen soll, Zukunftstrends und Schwerpunkte herauszuarbeiten. Sie ist das Werkzeug unserer Weiterentwicklung.

> **Auch wenn uns die Prognosen bei der Verwirklichung unseres Lebensplanes helfen, sollten wir uns nicht davon abhängig machen. Vielmehr ist es wichtig, dass wir Lebendigkeit, Offenheit und Herzlichkeit ins Leben tragen.**

Häuser, Zeichen, Planeten

Übersicht über die Häuser, Zeichen und Planeten – über Elemente und Qualitäten

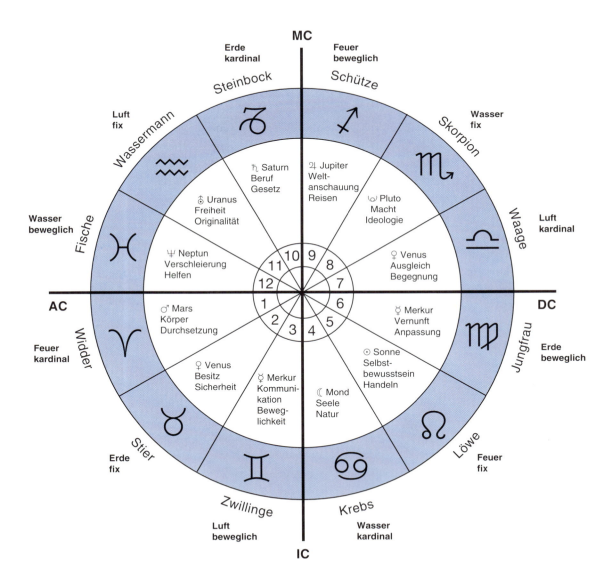

Transite

Transite sind die sich bei der aktuellen Bewegung der Planeten durch den Tierkreis bildenden Übergänge über die »feststehenden« Planeten des Geburtsbildes.

Das Geburtshoroskop hält zum Zeitpunkt unserer Geburt die Planetenbewegungen wie eine ganz individuelle Momentaufnahme fest, aber die Planeten bewegen sich selbstverständlich weiter. Die meisten von ihnen wiederholen dabei zyklisch ihre Bahn im Laufe unseres Lebens, wobei sie immer wieder sich ändernde Winkelbeziehungen zu den Geburtsplaneten bilden. Nur die äußeren Planeten, also Uranus, Neptun und Pluto, laufen so langsam, dass sie im Laufe unseres Lebens keine ganze Horoskopumrundung schaffen. So benötigt Uranus rund 84 Jahre, um zu seinem Ausgangspunkt zurückzukehren, bei Neptun sind es ungefähr 168 Jahre, und Pluto braucht allein 15 bis 30 Jahre, bis er ein einziges Zeichen durchlaufen hat.

Einführung

Um sich ein Bild von den Umlaufzeiten der Planeten machen zu können, sehen wir uns einmal an, wie lange die einzelnen Planeten brauchen, um durch ein Zeichen bzw. durch ein Haus zu wandern, und wie lange sie unterwegs sind, um einmal den ganzen Tierkreis zu umrunden. Die Häusergröße setzen wir mit der Größe der Zeichen gleich, wir gehen also von 30° aus. Das heißt, diese Gradzahl muss modifiziert werden, wenn man die Umlaufzeiten auf das eigene Horoskop überträgt, da ein Haus selten genau 30° groß ist oder sich von Zeichenanfang zu Zeichenende erstreckt. Die Praxis zeigt, dass entweder Häuseranfang und Häuserende nicht im gleichen Zeichen liegen, manchmal sogar ein ganzes Zeichen überspringen oder – analog dazu – zwei Häuser in einem Zeichen beginnen, wobei eines davon meistens sehr klein ist.

Transite sind die Übergänge der laufenden Planeten über das Geburtshoroskop. Dabei wird nicht nur die direkte Passage über einen Radix-Planeten beachtet, sondern auch die Winkelverbindungen von Transit- zu Radix-Planeten.

Umlaufzeiten der Planeten

Planet	30° (ein Zeichen)	360° (eine Umrundung)
Mond	2 Tage	ca. 26 Tage
Sonne	30 Tage	360 Tage
Merkur	1 bis 2 Monate	ca. 1 Jahr
Venus	1 bis 2 Monate	ca. 1 Jahr
Mars	2 Monate bis 1 Jahr	ca. 2 Jahre
Jupiter	1 Jahr	ca. 12 Jahre
Saturn	ca. 2 Jahre	ca. 28 Jahre
Uranus	7 Jahre	84 Jahre
Neptun	14 Jahre	ca. 168 Jahre
Pluto	zwischen 15 und 30 Jahren	

Der **Mond** hält sich nur sehr kurz in den einzelnen Zeichen auf, was bedeutet, dass auch die astrologische Wirkung immer nur von kurzer Dauer ist. Er wurde deshalb auch nicht in die Besprechung der Transite aufgenommen. Die direkte Wirkung des Mondes auf unser Leben ist selbstverständlich groß, ist aber nicht Gegenstand dieses Buches.

Das Trio **Sonne, Merkur** und **Venus** läuft immer mehr oder weniger gemeinsam, wobei sich Merkur und Venus niemals weiter als 27° bzw. 45° von der Sonne entfernen. Obwohl sich die beiden eigentlich wesentlich schneller bewegen als die Sonne, haben sie jährlich auch immer wieder längere Phasen der Rückläufigkeit, in denen die Sonne sie dann wieder einholt.

Für die nachfolgende astrologische Deutung sollte man sich besonders den **Saturn**-Zyklus nochmals vergegenwärtigen: Saturn legt in sieben Jahren ungefähr 90° zurück, also etwa die Strecke eines Quadranten, und kehrt nach jeweils etwa 28 Jahren zu seinem Geburtsstandort zurück.

Pluto berührt ca. 4° im Jahr und geht 2° pro Jahr effektiv vorwärts.

Folgendes Zeichen steht für den jeweiligen Planeten:
Mond ☾
Sonne ☉
Merkur ☿
Venus ♀
Mars ♂
Jupiter ♃
Saturn ♄
Uranus ♅
Neptun ♆
Pluto ♇

Wirkung von Transiten

Transite zeigen an, womit man sich in nächster Zeit beschäftigen soll bzw. beschäftigen wird, denn durch Transite entstehen immer wieder Dynamik und Veränderung. Transite zeigen Zeiten an, in denen sich die Symbole entfalten.

Bei den Transiten haben die transitierten Lebensgebiete, also die Häuser, die von den umlaufenden Planeten berührt werden, den Vorrang gegenüber den Tierkreiszeichen. An der Häuserspitze – vor allem an den Hauptachsen – ist die Wirkung eines Transits am stärksten. Transite kann man als seelisches Ereignis erleben, das sich in unserem Inneren abspielt, oder es kommt von außen auf uns zu. Ein Transit kann sich auch in körperlichen Entsprechungen zeigen. Transite müssen sich keineswegs unangenehm bemerkbar machen, selbst wenn sie spannungsreiche Winkelverbindungen ergeben – sie wirken sich nur auf unbewältigte Lebensgebiete unangenehm oder schmerzhaft aus. Schwierige Transite testen die Art, wie jemand sein Leben organisiert hat, wobei Schwachstellen untersucht werden. Wenn ein Transit als schrecklich oder unerwartet empfunden wird, hat man die Dynamik seines Lebens noch nicht erkannt.

Unser Horoskop zeigt also an, wo die Potenziale und zu bearbeitenden Themen in unserem Leben liegen. Transite sind sozusagen die Erfüllungsgehilfen, die aufmerksam machen, aber handeln müssen wir natürlich selbst.

Transite fordern uns entweder auf, zu handeln oder loszulassen, mit einer Strömung mitzugehen oder alte Strukturen aufzubrechen – immer geht es jedoch darum, sein Leben bewusst zu gestalten und sich nicht dem »Schicksal« zu überlassen.

Rückläufigkeit der Planeten

Die unterschiedliche Verweildauer der einzelnen Planeten ist einerseits auf ihre jeweilige Umlaufbahn zurückzuführen und andererseits auf ihre scheinbare Rückläufigkeit. In Wirklichkeit ziehen die Planeten relativ gleichmäßig ihre Bahnen, d. h., die Rückläufigkeit ist nur scheinbar und ergibt sich aus der Schräglage der Erde.

Astrologisch gesehen ist die Rückläufigkeit eines Planeten für uns deswegen von so großer Bedeutung, weil sie eine Zeit der Überprüfung darstellt. Je weniger wir uns mit einem eventuell anstehenden Konflikt auseinander setzen, desto heftiger werden wir die Rückläufigkeit erleben. Der Übergang eines transitierenden Planeten über einen Punkt (z. B. Aszendent oder Mondknoten) oder über einen Planeten des Geburtshoroskops findet bei Rückläufigkeit dreimal statt.

Nehmen wir als Beispiel, dass Saturn über die Sonne im siebten Haus läuft: Hier wird das Thema Begegnungsfähigkeit und unser Verhalten in Beziehungen angesprochen. Vielleicht leben wir in einer Partnerschaft und empfinden diese als einengend. Oder das Problem kommt von außen auf uns zu, und der Partner engt die Beziehung ein, oder er hält sein Verhalten für den Maßstab der Partnerschaft. Kurz nachdem Saturn die Sonne passiert hat und man denkt, das Problem sei nun ausgestanden, läuft Saturn rückwärts, wiederum über die Sonne, und das Thema geht in die nächste Krise. Möglicherweise sieht man sich nun zusätzlich von lauter »wohlmeinenden« Menschen umgeben, die alle ganz genau wissen, wie mit der Situation umzugehen ist. Meist erfolgt dann in der Zeit des dritten Übergangs des Saturns über die Sonne die endgültige Klärung der Situation: Entweder hat man gemeinsam neue Maßstäbe für die Beziehung gefunden, oder es ist eine Trennung erfolgt. Die Zeit, in der der eine oder der andere Partner etwas »hinnimmt«, ist auf die Weise mit Sicherheit vorbei.

Zur Deutung von Transiten

Die nachfolgenden Deutungen sollten nicht als allgemein gültige »Rezepte« verstanden werden, und selbstverständlich sind diese Deutungen an das individuelle Horoskop anzupassen, denn ohne Betrachtung des individuellen Geburtsbildes sagen Transite nicht genügend bzw. nicht das Richtige aus. Das bedeutet, wir müssen zuerst die Wirkungsweise eines Horoskops kennen, um bei der Transitdeutung zu einer befriedigenden Prognose zu kommen.

Wenn es beispielsweise heißt, dass die Sonne im sechsten Haus die Gesundheit fördert, so muss man erst einmal das sechste Haus im Geburtshoroskop betrachten. Handelt es sich um einen Menschen, der – wie aus einem mit vielen Planeten besetzten sechsten Haus im Geburtsbild ersichtlich sein kann – eine starke Neigung zur Somatisierung hat, so kann

> **Die Rückläufigkeit eines Planeten zeigt sich im Geburtshoroskop als eine mehr nach innen gerichtete Kraft. Im Transit bedeutet die Rückläufigkeit, dass ein bestimmtes Thema noch nicht erledigt ist.**

> Im »Lebenstheater« sind die Planeten die Darsteller. Jeder hat zwar einen unverwechselbaren Charakter, muss sich aber doch dem Stück anpassen, das von der Bühne (dem Lebensgebiet) vorgegeben wird und zu den Bedingungen des Häuserzeichens gespielt wird.

beispielsweise eine Sonne, die über den Saturn geht, genau das Gegenteil auslösen, nämlich eine Aufforderung, mit der Gesundheit sorgfältiger umzugehen.

Die gleiche Konstellation kann auch einen erhöhten beruflichen Ehrgeiz bedeuten, und wer weiß, ob die Kollegen dann tatsächlich so freundlich sind, wie es das »Rezept« versprechen könnte.

Deutungsmodelle

Trotz aller dieser Einschränkungen kommen wir aber ohne Deutungsmodelle nicht aus. Zuerst möchte ich darstellen, was das Anliegen der transitierenden Planeten ist, was sie versuchen umzusetzen; danach gehe ich auf ihre Wirkungsweise in den einzelnen Häusern ein, d. h. auf die einzelnen Lebensgebiete. Ich habe hier versucht, die Planetenkräfte in den Häusern so darzustellen, dass man leichter an die Thematik des betroffenen Lebensgebietes herankommt. Dabei sollte man aber immer im Hinterkopf haben, dass jedes Lebensgebiet eine bestimmte Färbung aufweist, die ich im »Grundkurs Astrologie« (Ludwig Verlag) ausführlich behandelt habe: Das Lebensgebiet ist die jeweilige Bühne und das Zeichen, von dem dieses Lebensgebiet (Haus) angeschnitten ist, das Bühnenbild. Nehmen wir als Beispiel einen Jupiter-Transit im zweiten Haus. Dieser spricht zwar grundsätzlich von materieller Erweiterung, aber: Ist dieses Haus von Saturn angeschnitten, so neigt man vielleicht schon von Haus aus dazu, sich mit Statussymbolen zu umgeben, die den eigenen Wert stabilisieren sollen. Der Jupiter-Transit bewirkt dann möglicherweise, dass materielle Güter in einem solchen Umfang angeschafft werden, dass sie uns beherrschen anstatt Freude zu machen.

Ist das zweite Haus dagegen beispielsweise von Neptun angeschnitten, gestaltet sich der materielle Bereich vielleicht immer schon unsicher. Läuft nun Jupiter durch dieses zweite Haus, kann dies zwar eine Expansion sein, aber bei entsprechender Disposition im Geburtshoroskop – wörtlich übersetzt – eine »expandierende Unklarheit« bedeuten. Ein von Merkur angeschnittenes Haus, durch das Jupiter geht, könnte dem »Rezept« entsprechen, wenn nicht andere wesentliche Aspekte dagegen sprechen: finanzielle Expansion, mit der vernünftig umgegangen wird.

Planeten im Transit

Was wollen die Planetenkräfte nun in den einzelnen Häusern, in denen sie sich mehr oder weniger lange aufhalten, bewirken? Sehen wir uns nachfolgend die Wirkungsweise bzw. das Anliegen der Planeten genauer an. Dies ist der erste Schritt, um das Wesen von Transiten zu erfassen.

Mond-Transite

Da sich der Mond nur etwa zwei Tage in einem Zeichen aufhält, ist seine Wirkung sehr flüchtig. Ich gehe daher auf die Mond-Transite nicht gesondert ein. Trotzdem sei erwähnt, dass sie ein Gefühlsbarometer darstellen, das auf dem jeweiligen Lebensgebiet abgelesen werden kann.

Sonnen-Transite

Diese Transite sollte man aktiv nutzen, denn sie lassen den Lebensgebieten, die sie gerade passieren, unterstützende Wirkung zukommen. Wir können uns auf dem Gebiet, das von der Sonne etwa einen Monat lang angestrahlt wird, ins Rampenlicht stellen, uns entfalten. Die Sonnenfrage an das so aktivierte Lebensgebiet lautet: Womit soll ich mich beschäftigen? Wo möchte ich zur Zeit strahlen? Was verlangen meine Aktivität und Kreativität? Wo kann ich mich vital zum Ausdruck bringen?

Merkur-Transite

Merkur bewirkt eine geistige Stimulierung auf dem Lebensgebiet, durch das er geht, allerdings auch sehr im Sinne des Zeichens, von dem das Haus angeschnitten ist.
Beispiele: Merkur läuft durch das zweite Haus im Widder, d.h., es geht um offene Kommunikation über Wertfragen oder verbale radikale Abgrenzung. Merkur läuft durch das zweite Haus im Krebs: emotional gesteuerte Kommunikation über Werte oder Abgrenzung.
Ist Merkur rückläufig, so ist häufig die Kommunikation unklar, es kommt leicht zu Missverständnissen, Pläne und Verträge laufen nicht so, wie sie sollen; man erlebt chaotische Verkehrssituationen, oder die Post

verzögert sich etc. Bei einer bereits gegebenen Disposition im Geburtshoroskop sollte man während der Rückläufigkeit von Merkur möglichst nichts Neues beginnen, also auch nicht unbedingt Verträge unterschreiben, weil man leicht das Kleingedruckte übersieht. Diese Zeit eignet sich vielmehr sehr gut dazu, Altes aufzuarbeiten und Vorgänge, die man unter Merkurs Vorwärtslauf begonnen hat, zu Ende zu bringen.

Venus-Transite

Diese Transite betonen die Gefühlswelt und Wertfragen – je nach dem entsprechenden Thema des Hauses.
Beispiele: Venus läuft durch das vierte Haus im Wassermann, d. h., der Wunsch nach einem gewissen Gefühlsabstand taucht auf. Venus läuft durch das neunte Haus im Schützen: Plötzlich wird man vom Fernweh gepackt oder entdeckt sein Herz für Ausländer.

Mars-Transite

Mars aktiviert das jeweils transitierte Haus und wirkt gleichsam wie ein »Geschmacksverstärker«, sowohl im positiven als auch im negativen Sinn. Die Marsenergie kann uns weiterhelfen und mit dem nötigen Schub Energie versorgen, die man braucht, um ein Vorhaben zu beginnen oder voranzutreiben. Aber die gleiche Energie, auf einer niedrigeren Erlebensebene bzw. durch Blockaden eingeschränkt, kann uns behindern, indem sie sich in Aggression, Ärger, Zorn, Egoismus und Eigensinnigkeit ausdrückt oder uns unberechenbarer macht.

Jupiter-Transite

Jupiter bringt allgemein auf dem Lebensgebiet, das er durchläuft, Expansion, Gelegenheit zu Wachstum und geglückte Umsetzung von Vorhaben. Jupiter neigt aber auch zu Übertreibungen aller Art, und daher sollten wir unsere Motive genau betrachten bzw. immer ein Auge darauf haben, dass unsere Expansionsversuche und andere Vorhaben auf festem Grund stehen. Wie man mit Jupiter-Transiten umgeht, ist anhand des Jupiter-Zyklus gut zu beobachten. Jupiter braucht ungefähr zwölf Jahre, um einmal den Tierkreis zu umrunden.

Saturn – innere Prüfung

Als er vor einiger Zeit durch mein erstes Haus ging, stellte ich fest, dass ich meine Anliegen besser vertreten konnte, mir mehr zutraute als gewöhnlich und daher viele Dinge besser gelangen. Aber: Das erste Haus ist auch der Körper, und leider expandierte auch dieser! Ich wurde immer rundlicher! Irgendwann fiel mir ein, dass ich schon einmal in meinem Leben eine Phase hatte, in der ich aus unerfindlichen Gründen stetig Gewicht zulegte, eines Tages aber auch ohne größere Anstrengung wieder abnehmen konnte. Ich muss Ihnen nicht sagen, dass diese Phase genau mit dem Jupiter-Zyklus vor zwölf Jahren zusammenfiel!

Saturn-Transite

Als Transit zwingt er zur Reduktion auf das Notwendige, kann Enge und Verlust bringen, sucht »das rechte Maß«, den eigenen Maßstab. Verzicht kennzeichnet manchmal einen Saturn-Transit, er verlangt von uns eine Art Demut. Auf jedem Lebensgebiet, das er »inspiziert«, sind wir aufgerufen, uns zu konzentrieren und Klarheit zu gewinnen. Saturn bedeutet Selbstverantwortung, und als Transit weist er uns darauf hin. Wir müssen die Konsequenzen dafür tragen, wie wir bisher gelebt haben. Der im Transit rückläufige Saturn stellt eine innere Prüfung dar, und wir müssen eine klare innere »Regierung« herstellen, da sonst permanent Verletzungen und Kränkungen geschehen, was zu einer Vermauerung der Seele führen kann. Wie bei Jupiter spielt auch bei Saturn der Zyklus eine große Rolle. Saturn braucht für einen Quadranten ungefähr sieben Jahre, d. h., alle sieben Jahre steht er im Quadrat oder in Opposition zu sich selbst oder zu einem bestimmten Planeten und spricht so immer wieder ein bestimmtes Thema an. Nach etwa 28 Jahren findet die Saturn-Rückkehr statt, d. h., er kehrt an seinen Ausgangspunkt zurück.

Uranus-Transite

Diese Transite sind unberechenbar, überraschend und bringen radikale Veränderung, sie wirken inspirierend, machen mündig und selbstständig. Dass dies unter Umständen verängstigen kann, ist einleuchtend, denn viele Menschen haben Angst vor der Kühle der Freiheit. Uranus als Transit könnte man als Gegenkultur zum bisher Gelebten bezeichnen.

Mit der ersten Saturn-Rückkehr ist ein wichtiger Zyklus beendet: Wir haben uns abgenabelt vom Elternhaus, wissen um viele Arten der Liebe und haben gelernt, mit Verantwortung umzugehen. Im Grunde heißt diese Rückkehr, dass wir jetzt »volljährig« geworden sind.

Transite

Da Uranus sich sehr langsam fortbewegt, sind vom Zyklus her das erste Quadrat interessant, das man mit etwa 21 Jahren erlebt, sowie die Opposition, bei der man ca. 42 Jahre alt ist.

Neptun-Transite

Neptun-Transite verursachen manchmal diffuse Ängste und Verunsicherungen und können die entsprechende Anlage schwächen. Ein solcher Transit kann auch eine Sehnsucht nach Entgrenzung hervorrufen, und zwar auf dem Lebensgebiet, in dem der Neptun-Transit gerade steht. Ein Neptun-Transit bedeutet oft Realitätsverlust, und es heißt, Alternativen und Maßstäbe anderer Art zu finden. Bei manchen Neptun-Transiten entsteht das Gefühl, den Boden unter den Füßen zu verlieren. Wir sollen alle einen Blick hinter die Grenzen des Sichtbaren werfen. Normalerweise geht man aber nicht freiwillig hinter diese Grenzen, sondern ist erst durch einen Neptun-Transit dazu bereit. Mit einem Neptun-Transit lässt sich nicht viel planen, sondern es geht darum, sich ein wenig treiben zu lassen. Je strukturierter man lebt, desto mehr Angst wird man während eines Neptun-Transits haben. Neptun hüllt Erfahrungen auf einem bestimmten Lebensgebiet in poetischen Nebel und lässt gern Unklarheiten aufkommen, die wir aus Angst oft auch unklar lassen.

Pluto zeigt im Geburtshoroskop an, auf welchem Lebensgebiet wir zunächst einmal die Bilder und Konzepte anderer leben. Meist bringen erst Transite eine Wandlung zu eigenen Vorstellungen.

Pluto-Transite

Dort, wo Pluto im Horoskop steht, sind wir fremdbestimmt. Unter Pluto-Transiten muss man das alles loslassen, die plutonischen Kräfte sind kosmische Kräfte, die immer eine emotionale Veränderung mit sich bringen. Im Unterschied zum Saturn, der sich als Transit anmeldet, damit man sich darauf einstellen kann, kommt Pluto ohne Vorwarnung. Nicht umsonst ist er Herr über unsere Stirb- und Werdeprozesse im Leben – er zerstört einfach alles und bezieht sich auf die inneren Schichten der Seele. Durch Schmerz und Loslösen befreien wir uns von Abhängigkeiten und Ohnmacht. Pluto ist die Macht, die andere über uns haben, aber auch die Macht, die wir selbst über uns haben können. Es ist im Grunde völlig unmöglich, einen Pluto-Transit zu ignorieren, man muss ihn wahrnehmen.

Transite durch die Häuser

Als Nächstes geht es darum, auf welche Weise die Transit-Planeten in den einzelnen Häusern wirken.

Transite durch Haus 1

Mit vereinten Kräften verschafft uns das Venus-Sonne-Merkur-Trio einmal im Jahr eine Zeit, in der man aktiv in die Welt tritt, sich bemerkbar macht und auch stärker bemerkt wird. Der Mars hat eine der Sonne ähnliche Wirkung, ist nur etwas aggressiver und impulsiver.

Sonne: Neue Ziele werden angestrebt, Absichten deutlich gemacht; meist ist verstärkte Durchsetzungsfähigkeit gegeben, man ist subjektiver und strebt einen besseren Selbstausdruck an.

Merkur: Wir werden kommunikativer und kontaktbereit, neugierig oder mitteilsam.

Venus: Persönlicher Charme wird sichtbar; der Wunsch nach Sicherheit verstärkt sich.

Mars: Man ist dynamischer, aber unter Umständen auch herrschsüchtiger und ungeduldiger.

Jupiter: Es gibt alle zwölf Jahre den Start in eine neue Lebensphase mit der Frage, in welche Richtung das Wachstum gehen soll. Jupiter wirkt hier wie Pegasus – wir können fast fliegen vor Vertrauen. Da man sich in dieser Zeit meist wohl fühlt, zieht die Entscheidung über die nächsten Jahre leider oft unbemerkt vorüber. Man kann sich am besten selbst helfen, erfährt aber auch Unterstützung.

Saturn: Auf seinem Gang durch das erste Haus prüft er die Echtheit unseres Lebens: Sind wir wir selbst, oder wollen wir anderen entsprechen? Er fragt nach Wichtigem, nach Maßstäben und Verantwortlichkeiten. Wenn wir die Verantwortung für uns selbst nicht übernehmen wollen, bringt dieser Transit Belastungen und macht müde und melancholisch. Das zwingt zur Innenschau, und wir müssen unseren Weg überprüfen, denn wahrscheinlich entspricht er uns nicht im Innersten. Häufig erlaubt man sich nicht, sich durchzusetzen; man kann nicht gut nehmen.

> Während man auf den Transit-Mond emotional reagiert, erzeugt Merkur eine geistige Stimulans. Sonne und Mars bringen eine Auseinandersetzung mit der eigenen Rolle, und Venus überprüft Werte bzw. testet Beziehungen in Bezug auf Verbindlichkeit und Echtheit.

Uranus: Die Einstellung zu sich selbst und anderen ändert sich; man befreit sich von Fesseln, oder andere befreien sich von einem. Scheinbar fest gefügte Elemente verschwinden aus dem Leben; man bezieht Sicherheit aus sich selbst und ist einem ständigen Wandel unterworfen. Man muss frei sein und mit der Dynamik des Lebens mitgehen.

Neptun: Häufig idealisiert man sich, andere oder eine Sache und spielt auch gern den Märtyrer. Neue Wege des Selbstausdrucks müssen gefunden werden; oft beginnt ein spiritueller Weg.

Pluto: Man ändert sich gravierend, die gesamte Persönlichkeit wird umstrukturiert; verdrängte Elemente der Psyche kommen an die Oberfläche und wollen verarbeitet werden. Dies geschieht fast wie unter Zwang, als ob ein fremder Wille es wollte. Wenn Pluto das erste Haus verlässt, ist man nicht mehr der Mensch, der man vorher war.

Transite durch Haus 2

Nach dem Neubeginn im ersten Haus beginnt jetzt die Phase der Konsolidierung und Sicherung. Wir fragen uns, was die Dinge nun wert sind und wie sie zu gewichten sind.

Jupiter überprüft in allen Häusern den Sinn, Saturn die Grenzen sowie die Eigenverantwortung. Uranus erschüttert und verändert Einstellungen und Gegebenheiten, Neptun löst sie auf und verunsichert uns, und Pluto hebt sie völlig auf und transformiert sie.

Sonne: Erhöhter Einsatz zur Festigung und Sicherheit der Zustände. Die Sonne sagt dort gern: »Ich bin, was ich habe«, d. h., man zeigt, was man hat; es geht oft um Fragen der Kreditwürdigkeit im übertragenen und reellen Sinn und um Auseinandersetzung mit dem Eigenwert.

Merkur: Man muss seine Aktivitäten aus dem ersten Haus verdauen und prüfen, sammeln und horten.

Venus: Verstärkt die Frage des Eigenwertes.

Mars: Reagiert empfindlich auf Wertfragen ideeller und materieller Natur, der Wunsch nach Besitz ist ausgeprägt. Dieser Transit bringt oft unnötige Geldausgaben, da sie nur das Ego befriedigen.

Jupiter: Expandierende, raumgreifende Selbstsicherheit; günstig für Geldthemen aller Art, aber auch Verschwendung oder Überschätzung der eigenen Ressourcen; eine großzügige Haltung sich selbst und anderen gegenüber kann zu einem echten inneren Wachstum führen.

Saturn: Prüft, ob Sicherheit und Werte echt sind und auf Eigenleistung beruhen. Wir müssen uns nach der Prüfung der Authentizität im ersten

Haus hier im zweiten Haus auf unsere eigenen Kräfte verlassen. Saturn prüft auch, ob wir uns der Grenzen der zur Verfügung stehenden Mittel bewusst sind und diese ernst nehmen, d.h., wir haben zu lernen, mit Werten umzugehen; bringt eventuell materielle Verluste mit sich, oder wir werden zum Sparmeister. Auch Eigenabgrenzung wird jetzt ernst genommen, mangelnder Eigenwert wird uns bewusst oder auch das Gefühl innerer Wertlosigkeit.

Uranus: Bringt eine Veränderung der bisherigen Einstellung gegenüber Werten und Wertmaßstäben mit sich; plötzliche Einnahmequellen erschließen sich, oder plötzliche materielle Verluste sind möglich.

Neptun: In Gelddingen vorsichtig handeln, da unter diesem Transit Unehrlichkeiten möglich sind; kann auch Angst vor Armut oder Diebstahl anzeigen; auf der seelischen Ebene manchmal Aufhebung der eigenen Grenzen.

Pluto: Wandlung der Werte vom Materiellen zum Metaphysischen; Machtausübung durch Geld oder Überschreitung der Grenzen anderer ist die andere Seite des Transites.

Transite zeigen ihre Auswirkungen meist bereits dann, wenn der Planet sich noch etwa 3° bis 4° vor einem Planeten, Häuserbeginn oder einem errechneten Punkt befindet. Nach dem genauen Übergang nimmt die Wirkung deutlich ab.

Die Transite durch Haus 2 stehen für die Festlegung der Werte, dafür, was wirklich wichtig ist im Leben.

Transite durch Haus 3

Nach der Absicherung und Abgrenzung wird nun wieder die Kontaktaufnahme mit der Umwelt wichtig.

Sonne: Man knüpft und pflegt verstärkt soziale Kontakte; Geschwister spielen eine Rolle; Wissensdrang ist verstärkt; oft gelungene Selbstdarstellung, oder man setzt sich sehr nachdrücklich in Szene; Einstellungen zu Menschen und Dingen werden klarer.

Merkur: Der »fliegende Händler« schlechthin; der Transit zeigt, wie wir uns informieren, kann aber auch »platte« Unterhaltung bedeuten.

Venus: Das Aussehen kann sehr wichtig werden, um sich gut präsentieren zu können; Venus will verstanden werden oder wird kulturell tätig.

Mars: Kampfeslustiger Ton in jeder Kommunikationsart, Vorsicht vor Provokationen; andererseits ist dies eine günstige Zeit, um Ideen erfolgreich zu präsentieren.

Jupiter: Stellt sich möglicherweise sehr gebildet dar, muss endlich sein eigenes Licht nicht mehr unter den Scheffel stellen; Kontakte und Kommunikation werden gefördert, soziale Beziehungen gestalten sich gut; günstige Zeit für Prüfungen und Bildungsreisen.

Saturn: Unter diesem Transit zeigt sich, ob wir zu echten Kontakten fähig sind oder von übernommenen Mustern geprägt und in unserem Verhalten als soziale Wesen abgelehnt werden. Zeit des Lernens im Bereich des sozialen Umfeldes; oft Beginn eines ernsthaften Studiums; vielleicht eingeschränktes Kommunikationsbedürfnis oder erschwerte Kommunikation. Saturn stellt im Transit die Frage: Wie stelle ich mich dar? Was vermittle ich nonverbal? Wie gehe ich mit anderen um und auf sie zu? Kann ich hinhören?

Uranus: Alte Verhaltensmuster verschwinden, es ist Zeit, etwas Neues zu beginnen. Gedankliche Selbstdarstellung wird offener, vielleicht sogar visionär. Man bekommt eine Vorliebe für Ausgefallenes.

Neptun: Neptun hat hier das Problem, sich darzustellen; unter Umständen wird nicht wahrgenommen, was man sagt. Bringt manchmal eine geheimnisvolle Ausstrahlung mit sich.

Pluto: Wandel in der Kommunikation; reiche geistige Möglichkeiten.

Im dritten Haus sind unter anderem auch die Geschwister zu finden. Durch Transite wird die Aufmerksamkeit oft auf sie gelenkt, sei es, dass abgebrochene Kontakte wieder aufgenommen werden oder dass längst fällige Auseinandersetzungen geführt werden.

Transite durch Haus 4

In diesem Haus geht es um die Verwurzelung, um die innere und äußere Heimat; hier ist das Bedürfnis nach Geborgenheit zu Hause, es ist der seelische Urgrund, nach dem wir unsere Emotionen ausrichten.

Sonne: Das Zuhause, die Familie wird zur Kraftquelle; meist eine Zeit des seelischen Wohlbefindens; schenkt die Möglichkeit, Vergangenheit zu beleuchten und positiv zu bearbeiten.

Merkur und **Venus:** Man verschönert das Heim, lädt Gäste ein, kümmert sich um familiäre Belange, befasst sich mit der Vergangenheit und beschafft sich das, was dem Bedürfnis nach Heimat und Verwurzelung entspricht.

Mars: Alte emotionale Verhaltensmuster, die man vielleicht gar nicht versteht, kommen an die Oberfläche und können sich auch unangenehm im Beruf bemerkbar machen; eine positive Seite des Transits sind Entfaltung und Tatendrang zu Hause.

Jupiter: Wirkt anregend und belebend auf Familie und Seele, eventuell wird an eine Erweiterung des Heimes gedacht; Jupiter will sich nach einer größeren Wohnung oder einem Haus umsehen. Vielleicht kommt auch der Auftrag, ins Ausland zu gehen und dort eine Heimat zu finden.

Saturn: Zeigt, ob uns unser Platz in der Familie entspricht – mit allen häuslichen und familiären Verantwortlichkeiten; eine Neuordnung der Privatsphäre steht an. Alles, was uns nicht entspricht, wird zur Belastung; man geht sozusagen in den seelischen Keller und entrümpelt die früheste Kindheit. Saturn kann hier am IC Wurzeln schaffen, die uns später immer tragen. Aus sich selbst heraus zu existieren heißt, das Kind in sich ernst zu nehmen. Manchmal zwingt uns dieser Transit, jemanden zu pflegen, oder jemand kehrt nach Hause zurück.

Uranus: Kann bedeuten, sich plötzlich von der Familie zu befreien, oder die Partnerin/der Partner bricht aus; man fühlt sich auf einmal nicht mehr so verpflichtet. Plötzliche Veränderungen in Wohnsituationen; Unfälle; unberechenbare Gefühle; Neuorientierung in der Gefühlswelt; bei starker Bindung an das Elternhaus erfolgt jetzt eine plötzliche und wohl auch schmerzhafte Lösung.

Transite durch das vierte Haus lösen oft heftige emotionale Reaktionen aus, besonders, wenn dort direkt Planeten angetroffen werden und die Kräfte gegensätzlich sind.

Neptun: Identitäts- und Heimatlosigkeitsgefühle, Spaltung in der Familie; keine Lust, länger die soziale Rolle zu spielen; familiäre Tabuthemen (vielleicht im Zusammenhang mit Identität) tauchen auf.

Pluto: Wenn Pluto in das vierte Haus geht, steht eine Wandlung in der Privatsphäre an, die oft mit Hilfe einer Therapie besser zu bewältigen ist; man beschäftigt sich unter Umständen mit Ahnenforschung. Auch Saturn heißt Neuordnung der Privatsphäre, sie ist aber nicht so tiefgreifend wie mit Pluto, denn dieser meint die emotionale Struktur.

Transite durch Haus 5

Hier offenbart sich der Mut, aus dem Moment heraus zu leben, Lebensfreude zu zeigen; hier präsentieren wir der Welt unsere eigenen »Werke«, die wir für uns geschaffen haben, nicht für unsere Umwelt. Tun wir das nicht, präsentiert uns die Umwelt lauter süchtige Menschen. Ein ungenutzter Transit kann sich als netter Zeitvertreib äußern.

Sonne: Bedürfnis nach Aktivität, die das Selbst ausdrückt; Bedürfnis nach Beachtung seines Tuns, seiner Werke. In diesem Haus des Lebensspieles dürfen wir mitspielen; Prioritäten werden gesetzt und durchgesetzt; das Thema »Kinder« in seiner Vielfalt kann wichtig werden.

Merkur: Erhöhte Beweglichkeit sowohl körperlicher als auch geistiger Art. Briefe werden leichter geschrieben, Worte leichter gesprochen als sonst; sportliche Betätigung wird in Angriff genommen.

Venus: Flirtet, tanzt, malt spielerisch, lebt aus dem Augenblick heraus.

Mars: Spielerische Durchsetzung der Ich-Kräfte; dieser Transit steht für starke Triebkräfte – in jeder Hinsicht! Vorsicht, denn der Transit kann Unfallgefahr und auch Auseinandersetzung mit den Kindern andeuten.

Jupiter: Bringt Schwung und Enthusiasmus ins Leben, vielleicht sogar einen Anlass, neue Wege zu gehen. Man kann sich aber auch in seiner Kraft verzetteln. Ein gefangener Jupiter könnte während seines Weges durch das fünfte Haus neidisch auf »Glückskinder« schauen. Die Beziehung zu den eigenen Kindern gestaltet sich gut, man wird kreativer.

Saturn: Wenn man während der Saturnreise durch das fünfte Haus das Leben schwierig und anstrengend empfindet, man nicht die erwartete Anerkennung bekommt, lebt man wahrscheinlich übernommene Muster

> Das fünfte Haus repräsentiert unseren Willen, in der Gesellschaft unsere Spuren zu hinterlassen, sei es durch ein Kind, in dem wir weiterleben, oder ein Kunstwerk, das uns überdauert. Es ist die Kraft des Schöpfens, Erfindens und Führens, die uns leitet.

und Verhaltensweisen und nicht die eigene Kreativität. Wir sind beschnitten in unserem Selbstausdruck. Dieser Transit gibt uns die Chance, sich mit seinen eigenen Anliegen in der äußeren Realität zu verwirklichen und mit den eigenen Werken erfolgreich darzustellen. Wir können während dieses Transits lernen, Eigenes von Fremdem zu unterscheiden und uns sichtbar zu machen. Probleme und Einschränkungen durch Kinder sind ebenfalls möglich.

Uranus: Verliebt sich plötzlich und vielleicht auch öfter, unstet im Liebesleben; sehr kreative Zeit, hier wäre die Umsetzung in die Realität der Auftrag. Kinder können sich plötzlich fürchterlich »aufführen«.

Neptun: Aufforderung, kreativ zu werden; Liebesbeziehung könnte idealistisch geprägt sein.

Pluto: Tiefe schöpferische Möglichkeiten; Machtkampf mit den Kindern; Auseinandersetzung mit dem väterlichen Bild.

Transite durch Haus 6

Sie zeigen an, dass es jetzt um die Umsetzung und Aussteuerung des Gegebenen geht. Hier haben alle unsere Absichten, Handlungen oder Werke den Realitätstest zu bestehen, werden unsere Themen analysiert, verdaut, integriert und auf ihren Nutzen hin geprüft.

Sonne: Wollten wir uns während ihres Transits durch das fünfte Haus den anstehenden Alltagsproblemen und lästigen Pflichterfüllungen nicht stellen, kann es sein, dass wir jetzt vermehrt mit kleinlichen Menschen zu tun haben, die uns darauf aufmerksam machen, dass Ordnen und Sortieren auch zum Leben gehören. Mögliche körperliche Beschwerden sind als Hinweis aufzufassen, dass unser Tun auf Nützlichkeit und Anwendbarkeit hin zu überprüfen ist. Kann auch berufliche Beförderung sein; man sorgt oft für gute Stimmung am Arbeitsplatz; meist intensive Beschäftigung mit der Gesundheit.

Merkur und **Venus:** Diese beiden Transite werden ähnlich mühsam erlebt, aber immerhin kann man während dieser Zeit seine Themen geduldig, konzentriert und sorgfältig »alltagstauglich« machen.

Jupiter: Setzt sich mit Sinn und Unsinn unseres Tuns auseinander, mit Entwicklung und Expansion in der Arbeit und damit, seinen Visionen

> Weil das sechste Haus mit »Arbeit« und »Gesundheit« gleichgesetzt wird, haben Menschen manchmal Angst vor dessen Transiten bzw. vor Schwierigkeiten in diesen Bereichen. Wenn man aber so arbeitet und lebt, wie es zu einem passt, ist die Sorge überflüssig.

eine Form zu geben. Jupiters Durchgang durch das sechste Haus sorgt oft auch dafür, dass uns vieles leichter von der Hand geht oder dass uns andere Menschen lästige Aufgaben abnehmen. Es besteht aber die Gefahr, dass wir uns sowohl körperlich als auch ideell übernehmen! Grundsätzlich unterstützt der Jupiter-Transit unsere Gesundheit.

Saturn: Bei seinem Gang durch das sechste Haus müssen wir überprüfen, ob alles das, was wir tun – sei es im Arbeitsprozess oder zu Hause –, wirklich notwendig ist und ob uns all diese Aufgaben und Verantwortlichkeiten tatsächlich entsprechen. Tun wir dies nicht, so kann sich dieser Saturn-Transit als Schwierigkeiten am Arbeitsplatz, Widrigkeiten im Alltag, körperliche Beschwerden und als Gefühl von völliger Überlastung äußern. Oft wird unter diesem Transit vermehrte Verantwortung oder Arbeit ohne Anerkennung gefordert (Belohnung kommt später); kann auch ein Hinweis auf chronisch werdende Krankheiten sein.

Uranus: Veränderung des Arbeitsprozesses; größtmögliche Freiheit am Arbeitsplatz wird wichtig, sonst folgt ein plötzliches Verlassen, sei es aus eigener Initiative oder gezwungenermaßen. Dieser Transit fördert Stress und Nervosität; kann aber auch revolutionäre Neuerungen am Arbeitsplatz bedeuten, oder man ist plötzlich der »Exote« unter den Kollegen.

Neptun: Kann Arbeitslosigkeit bedeuten. Neptunische Heilenergie könnte genutzt werden; auf die Gesundheit sollte man achten.

> Neptun-Transite durch das sechste Haus können sich auch so auswirken, dass man seine Kollegen irritiert oder von diesen verunsichert oder übersehen wird. Möglicherweise entzieht man sich auch selbst dem Kollegenkreis.

Pluto: Gesundheit beachten! Allerdings ist hier auch eine hohe Regenerationsfähigkeit gegeben. Mögliche Auseinandersetzung mit Ernährung und Heilwissen, aber Vorsicht, denn die »neue« Einstellung kann zum Dogma werden!

Transite durch Haus 7

Während die erste Horoskophälfte unsere Entwicklungsschritte zeigt, offenbart die zweite Hälfte unsere Begegnung mit der Außenwelt. Damit wird auch das Thema »Projektion« wichtig – als eine Möglichkeit, alle jene Dinge, die wir selbst nicht tun können oder wollen, in anderen zu sehen und durch andere zu erleben. Entsprechend unterscheiden sich die individuellen Erfahrungen in der zweiten Hälfte, je nachdem, welche Schritte wir in der ersten Horoskophälfte unternommen haben, als ein bestimmter Planet die Szene betrat, und auch wie groß die Bereitschaft ist, sich die eigenen Themen anzusehen bzw. mit ihnen umzugehen. Hier werden wir immer wieder geprüft, ob wir die Lektion des Gegenhauses verstanden haben. Themen, denen wir in der ersten Hälfte ausgewichen sind, werden nun im Gegenhaus sicht- und spürbar. Andernfalls halten uns andere den Spiegel vor und zeigen uns die Möglichkeiten, aber auch die Zerrbilder der Planeten. Diesen Spiegel oder Gegenpol können wir bewundern, uns in ihn verlieben, ihn ablehnen und bekämpfen, oder aber wir können ihn als das erkennen, was er ist: die ungelebten Aspekte unserer Persönlichkeit.

Der Transit von Planeten durch das siebte Haus bietet die Möglichkeit, uns über andere Menschen zu erfahren.

Sonne: In diesem Haus begegnen uns andere Menschen, die uns etwas über uns sagen, d. h., hier erfahren wir vermehrt etwas über andere als über uns selbst. Zusammenarbeit wird wichtiger als Alleingang.

Merkur: In Begegnungen wird die intellektuelle Anregung gesucht; günstig ist dieser Transit für Vertragsabschlüsse und Verhandlungen, es sei denn, er ist rückläufig oder im Geburtshoroskop anderweitig belastet.

Venus: Begünstigt Beziehungen aller Art, man versteht die Bedürfnisse anderer Menschen besser, Harmonie wird dadurch gefördert. Aber Achtung: Die eigenen Rechte müssen trotzdem durchgesetzt werden.

Mars: Eine negative Auswirkung können Konflikte in den verschiedenen Beziehungen sein, da Mars sich um jeden Preis durchsetzen möchte. Produktiver kann dieser Transit ausgelebt werden, indem man seine Kräfte in partnerschaftlicher Arbeit entfaltet.

Jupiter: Glückhafte Beziehungen, eventuell sogar Beginn einer Ehe. Unter diesem Transit fördert man andere oder wird gefördert. Den optimalen Nutzen bringt ein maßvoller Umgang mit glücklichen Umständen.

Saturn: Beziehungen werden überprüft, man erfährt vermehrt Verpflichtungen oder auch Begrenzungen in Begegnungen. Ausgehen und sich amüsieren ist nicht das Thema dieser Zeit! Dieser Transit kann auch Lieblosigkeit andeuten oder Menschen, die alles besser wissen, anzeigen.

Uranus: Beziehungen verändern sich plötzlich, man hat völlig andere Begegnungen als sonst; kann auch eine Befreiung aus einer Beziehung

Der Transit von Planeten durch das siebte Haus bringt uns in Kontakt mit unserer Art, Beziehungen zur Umwelt herzustellen, und mit dem Bedürfnis nach einem Gegenüber.

Transite

Dieser Transit hält einem den Spiegel vor und symbolisiert die ungelebten Aspekte unserer Persönlichkeit.

Ein Uranus-Transit zeigt an Hauptachsen häufig einen Umzug an, wenn auch jedes Mal aus anderen Motiven: Im ersten Haus will man es selbst, im vierten Haus möchte die Familie umziehen, im siebten Haus zieht man vielleicht der Liebe wegen um und im zehnten Haus aus beruflichen Gründen.

sein oder einen »Seitensprung« anzeigen. Man geht in dieser Zeit nicht gerne Beziehungen ein und braucht viel Freiheit.

Neptun: Beziehungen unterliegen Täuschungen; man wird durch andere verunsichert oder man projiziert; man will die Wahrheit über eine Beziehung nicht sehen. Es kann sein, dass der andere nicht so wahrgenommen wird, wie er ist, man kann den anderen nicht so genau sehen. Zeigt manchmal auch Unehrlichkeit von Partnerinnen/Partnern an! Man fühlt sich unter Umständen zu Hilflosen und Randgruppen hingezogen.

Pluto: Braucht den anderen für die Wandlung, da er es selbst nicht kann. Sollte sich nicht mit machtvollen Menschen anlegen. Zwanghafte, fast fanatische Umstellung des Lebens; man kann auch den Wunsch haben, andere zu ändern, oder man hat Schwierigkeiten, etwas zu verändern; dieser Transit kann einen Machtkampf in Beziehungen anzeigen.

Transite durch Haus 8

Das achte Haus bringt uns in Kontakt mit dem Verborgenen, zeigt unseren Umgang mit Macht und Ohnmacht, stellt unsere Vorstellungen auf die Probe und geht auf den Besitz anderer ein.

Sonne: Für eine kurze Zeit wird man mit den Geheimnissen des Lebens konfrontiert – vielleicht durch einen anderen Menschen. Finanzielle Unternehmungen mit Lebens- und Geschäftspartnern werden wichtig.

Merkur: Kann einen engen Kontakt zu tief liegenden Bereichen der Psyche herstellen, es werden Begegnungen gesucht, die eine tiefe Wirkung haben; kann auch Verhandlungen über das Vermögen anderer bedeuten.

Venus: Kann einer Liebesbeziehung größere Intensität verleihen und dadurch auch die eigene Entwicklung im Sinne psychischer Evolution fördern; man kann vom Vermögen anderer profitieren und leichter finanzielle Unterstützung von außen bekommen.

Mars: Mit einem Mars-Transit kann man leicht Konflikte heraufbeschwören, sei es über gemeinsamen Besitz und dessen Verwendung, sei es, dass man eine Gegenkraft herausfordert, die eine Umwandlung des Lebens erzwingen will.

Jupiter: Günstiger Transit für Geschäftsverbindungen, kann Erbschaften bedeuten (in Verbindung mit Neptun können sie allerdings verschwinden). Dieser Transit kann auch religiöse bzw. spirituelle Neubelebung oder Sinnfindung anzeigen.

Saturn: Hier muss man lernen, die Grenzen anderer zu respektieren; gemeinsame Finanzen werden überprüft. Der Transit bringt Klarheit in die eigenen Vorstellungen.

Uranus: Hier geht es um das Befreien von alten Werten; alles, was fremdbestimmt ist, fällt weg. Zugang zu Sterbeprozessen.

Neptun: Geistige Werte erfahren jetzt eine Auflösung; kann Angst vor dem Tod auslösen.

Pluto: Kann tiefste Erkenntnisse über das wahre Sein vermitteln.

Da im achten Haus Wandlungsprozesse zu finden sind, wirken sich Transite selbstverständlich auch auf dieser Basis aus. Man sollte daher sorgfältig untersuchen, was die transitierende Planetenkraft von uns will – kämpfen oder loslassen, zerstören oder aufbauen.

Transite durch Haus 9

Transite durch das neunte Haus fragen nach, wie wir erlerntes Wissen und seine Anwendung verknüpfen, und bringen uns in Kontakt mit unserer Lebenseinstellung.

Sonne: Sollte zur Erweiterung des Horizonts genutzt werden: Bildung im höheren Sinne, Auslandsreisen, Beschäftigung mit spirituellen Fragen. Kann Rechtsstreit oder Schwierigkeiten mit dem Gesetz anzeigen.

> Bei Transiten durch das neunte Haus werden wir mit unserer Lebenseinstellung und Weltanschauung konfrontiert; Idealismus wird ebenso zum Thema wie Toleranz.

Merkur und **Venus:** Diese beiden Transite ähneln einander, wenngleich Venus alles vielleicht noch etwas aufwändiger und luxuriöser liebt als Merkur. Eine Zeit der intellektuellen Aufgeschlossenheit, eignet sich auch für ein Studium; besonderes Interesse für fremde Länder, Philosophie oder Recht und Gesetz. Oft wird man unter diesem Transit reiselustig und zeigt sich auch anderen Meinungen gegenüber aufgeschlossen.

Mars: Dieser Transit könnte es mit sich bringen, dass man seine eigenen Konzepte und Ideologien mit Zähnen und Klauen verteidigt und nicht merkt, dass man damit einer Erweiterung seines Horizontes im Wege steht. Eine günstige Zeit, um neue Dimensionen von Wirklichkeit kennen zu lernen.

Jupiter: Erweiterung der Gesamtperspektive des Lebens; Lernbedürfnis, Reisen; plötzliche Möglichkeit, Lehrtätigkeit auszuüben; reale Bewusstseinserweiterung.

Saturn: Fragen nach dem Lebenssinn werden zum Thema, Sinnfindung wird zu einem großen Anliegen, man unternimmt konkrete Schritte.

Uranus: Die bisherige Weltanschauung ändert sich plötzlich und radikal, ein spontaner Kirchenaustritt kann die Folge sein; man wird plötzlich reiselustig oder zieht ins Ausland um.

Neptun: Die Weltanschauung löst sich auf; dieser Transit macht anfällig dafür, blind einem Guru zu folgen.

Pluto: Im Ausland oder über eine neue Sinngebung kann man das wahre Wesen finden; fördert entweder Verständnis für ausländische Mitbürger, oder diese werden rigoros abgelehnt.

Transite durch Haus 10

Die Transite durch das zehnte Haus zeigen uns unsere Verwurzelung und Stellung in der Gesellschaft und bringen uns in Kontakt mit unserem Streben nach gesellschaftlicher Anerkennung und unseren Maßstäben.

Sonne: Meist eine gute Phase im Beruf, man kann aus eigener Kraft etwas schaffen; Erfolg und Aufstieg; dieser Transit macht einem die eigene gesellschaftliche Stellung klar; jetzt kann man prüfen, ob der gewählte Weg auch der richtige ist.

Merkur: Pläne werden geschmiedet, berufliche Kommunikation steht im Vordergrund. Die Zeit ist günstig für Verträge und Werbung; eine negative Seite ist vielleicht zu viel Beschäftigung mit dem Detail.

Venus: Verschafft oft vorteilhafte Umstände im Berufsleben, die beruflichen Beziehungen gestalten sich gut; kann auch eine beginnende künstlerische Tätigkeit anzeigen; eine negative Entsprechung ist, aus beruflichen Belangen zu viel Profit ziehen zu wollen.

Mars: Er unterstützt die Belange des zehnten Hauses und ist gut, um seine Initiative und Anstrengung auf das berufliche und gesellschaftliche Gebiet zu legen. Allerdings sollte man Vorsicht walten lassen, denn Mars schießt gerne übers Ziel hinaus und sieht nur die eigene Nase.

Jupiter: Geschäftsreisen, oft längerer Auslandsaufenthalt; Förderung und Weiterbildung im Beruf, Ausweitung beruflicher Möglichkeiten.

Saturn: Dieser Transit kann den Höhepunkt im Leben darstellen; wenn die Lebensziele nicht stimmen, wird der Transit sehr schicksalhaft und schrecklich erlebt. Höchste Anerkennung, aber auch tiefster Sturz.

Uranus: Kann sein, dass man plötzlich seinen Job verliert, dies erst schrecklich findet, dann aber großartig und unglaublich befreiend: »Ich wollte schon immer etwas anderes machen.« Vielleicht befreit man sich über den Beruf, was dann eher expansiv wirken kann und nicht belastet. Aufgabe ist, außergewöhnliche Ideen in die Gesellschaft einzubringen. Unter diesem Transit kann man ganz neue Möglichkeiten finden. Die Häuser zwei, sechs und zehn sind »Berufshäuser«, d.h., sie haben mit dem Beruf zu tun, und man kann aufgrund von Uranus-Transiten sehen, wo die Möglichkeiten zu Veränderungen liegen.

Neptun: Man fühlt sich verunsichert und ziellos. Das Lebensziel wird infrage gestellt. Je stärker jemand saturnorientiert war, desto schwerer wird der Transit. Plötzlich alternative Lebensweise (Aussteiger), man fühlt sich zu romantischen Themen hingezogen. Unter Neptun getroffene Entscheidungen stellen sich im Nachhinein oft als Täuschung heraus; man wird leichter müde, hat etwas weniger Energie als sonst.

Pluto: Dieser unter Umständen sehr lange Transit betrifft das ganze Leben, die gesamte Lebensrichtung wird gewandelt. Wohin geht man, wie geht man vor? Energische Überprüfung des Lebens; die Berufung ist oft

Bei Transiten durch das zehnte Haus können entweder familiäre – durch das gegenüberliegende vierte Haus – oder berufliche Angelegenheiten überprüft werden bzw. in das Licht der Öffentlichkeit rücken.

das Hobby und kann dann verwirklicht werden, verbunden mit aktiver Sinnfindungskrise, dem Sterben von Vorstellungen. Pluto will Wahrhaftigkeit auf emotionaler Ebene, bis in die innersten Schichten. Auch der Erfolg wird überprüft, Saturnthemen werden angesprochen und transformiert. Dies kann Machtposition oder -sturz, aber auch berufliche Machtkämpfe bedeuten. Man bekommt jedoch die Kraft, an sein Lebensziel heranzukommen.

Transite durch Haus 11

Der Transit von Planeten durch das elfte Haus bringt uns in Kontakt mit kollektiven Anliegen und zeigt uns, wie wir als Individuum in der Gesellschaft integriert sind.

Sonne: Freiheit und Freizeit werden wichtig; kann Freundschaften auf eine neue Basis stellen oder den Beginn neuer Freundschaften anzeigen; mehr Idealismus als sonst, mehr persönliche Färbung.

Merkur: Die Einstellung zu Gruppen und Freunden, aber auch zu den eigenen Lebenserwartungen und Zielen wird überdacht. Wichtig ist, diese Gedanken auch zu kommunizieren.

Venus: Man ist anderen Menschen gegenüber freundschaftlich gestimmt, kann sich gut auf andere einstellen und liebt Friedfertigkeit.

Mars: Hier neigt Mars zu einem abgehobenen Alleingang, was ihm aber nicht bekommt; er sollte in der Gruppe oder gemeinsam mit Freunden etwas realisieren, das seine momentane Aufmerksamkeit hat.

Jupiter: Sinnfindung in der Gruppe, man arbeitet plötzlich in der Gruppe und sollte Erlebnisse mit anderen teilen.

Saturn: Wünsche, Hoffnungen, Zukunftsorientierung und auch Freundschaften – alles wird überprüft. Auseinandersetzung mit Gruppen; es gilt Verantwortung für Gruppen zu übernehmen oder sich zu integrieren.

Uranus: Es geht darum, seine Freizeit wirklich zu gestalten; unter diesem Transit hat man wahrscheinlich keine konservativen Freunde.

Neptun: Freunde könnten uns enttäuschen; spirituelle oder ganzheitlich gleichgesinnte Gruppenarbeit wird wichtig.

Pluto: Man könnte der Versuchung unterliegen, Freunde zu missionieren; es kann auch sein, dass Freundschaften einen Wandel erfahren.

> Transite durch das elfte Haus bringen oftmals eine völlig andere soziale Einstellung mit sich, und auch das Thema Hoffnungen und Wünsche wird angesprochen.

Transite durch Haus 12

Das zwölfte Haus beschäftigt sich mit dem verdrängten Teil unserer Persönlichkeit, bringt uns in Kontakt mit unseren Ängsten und offenbart Bereiche, in denen wir uns gerne täuschen lassen.

Sonne: Rückzug; das gesellschaftliche Leben ist in dieser Zeit kein Thema, man geht nicht gerne nach außen; kann auch eine ängstliche Phase sein; wahrscheinlich stellen sich vermehrt Träume ein, die sehr aufschlussreich sein können.

Merkur: Auch hier zieht man sich gerne zurück, allerdings oft zu Studienzwecken. Es kann sein, dass dies eine Zeit ist, in der man mit anderen nicht über sich spricht, aber genau das wäre das Thema der Zeit, um unbewusste Motivationen aufzudecken.

Venus: Venus beschert einen der angenehmsten Transite in diesem Haus; man hilft selbstlos und ist zufrieden mit sich und seinen Taten. Jedoch darf man sich nicht ausnutzen lassen oder den Märtyrer spielen.

Mars: Durch unbewusste Verhaltensweisen aus der Vergangenheit werden Versuche, sich durchzusetzen, unterminiert, man löst Missverständnisse aus. Besser eine Weile alleine arbeiten!

Jupiter: Glücklichsein im Alleingang oder Glück im Ausland suchen; Weltverständnis erweitert sich grenzenlos; Sinnsehnsucht; kann auch den Beginn einer karitativen Tätigkeit anzeigen.

Saturn: Dies ist wahrhaftig ein nicht ganz leicht zu lebender Transit. Man erntet wenig Anerkennung, hat tiefe Innenschau zu leisten, Bilanz zu ziehen – alle Lebensgebiete werden überprüft, und man verliert oft alles, das nicht zu einem passt oder zu einem gehört. Es gilt, die eigenen inneren Gesetze zu finden.

Uranus: Oft inneres Chaos; man hat aber die Möglichkeit, sich von Verdrängtem zu befreien. Kann auch Angst vor Freiheit bedeuten.

Neptun: Starke Rückzugstendenzen; Sehnsucht, sich zu erforschen; kann Angst vor dem Unbewussten auslösen.

Pluto: Dieser Transit macht Unbewusstes zutiefst bewusst. Es ist eine gute Zeit, um Seelengerümpel hinauszuwerfen und Altes zu »kompostieren«, damit man sich wandeln kann.

> Ein Transit durch das zwölfte Haus zeigt, wie gut wir mit uns selbst in Kontakt sind. Erleben wir ihn unangenehm, sträuben wir uns wahrscheinlich gegen einen Entwicklungsprozess; nehmen wir einen Transit gar nicht wahr, verdrängen wir vielleicht ein Thema.

Aspekte zu den Planeten

Nachdem wir festgestellt haben, durch welches Haus/Lebensgebiet ein Transit geht, sehen wir uns die Winkelverbindungen der einzelnen Transite zu den Planeten des Geburtshoroskops an.

Trigone sind im Allgemeinen förderlich und leichter zu leben; dies gilt mit etwas weniger starker Wirkung auch für **Sextile**.

Oppositionen und **Quadrate** sind hingegen als Herausforderungen zu betrachten, wobei Quadrate Spannungen anzeigen können, die nicht so leicht zu durchschauen sind. Bildlich gesprochen steht uns bei der Opposition der »Gegner« Auge in Auge gegenüber, und wir können ihn erkennen, während man Quadrate oft erst einmal »erleidet«, weil man den »Gegner«, der hinter der Spannung steht, nicht gleich erkennen kann.

Konjunktionen sind sehr verschiedener Natur und oft nicht so leicht zu leben, wie man meint! Es wird oft gesagt, dass zwei Planeten mit ähnlich wirkenden Kräften besser harmonieren als solche mit gegensätzlichen Kräften. Im Grundsatz ist das nicht falsch, kann aber andere Auswirkungen haben, als man sich vorstellt. Nehmen wir z. B. eine Konjunktion des laufenden Neptuns über den Radix-Mond. Da beide Wasserzeichen sind, möchte man eine Ähnlichkeit annehmen, aber weit gefehlt! Diese Konjunktion wird zwar vielleicht letztlich eine Bewusstseinserweiterung auf seelisch-emotionaler Ebene bewirken, wird aber in den meisten Fällen erst einmal als große Verunsicherung erlebt. Eine Klientin schilderte dies sehr bildlich: Sie kam sich vor, erzählte sie, als müsste sie sich ständig durch einen Nebel zu anderen Menschen durchkämpfen, und fühlte sich von ihrer Umwelt nicht verstanden.

Aspekte zwischen Transit- und Radix-Planeten

Eine ausführliche Deutung der Aspekte zwischen den transitierenden Planeten und den Radix-Planeten würde den Rahmen dieses Buches sprengen; diese Aspekte haben andere Autoren sehr kompetent und ausführlich behandelt (Literatur siehe Seite 94). Hier geht es vor allem darum, das Wesen der Transite zu erfassen und durch Kombination der

Wenn ein Transit eine Winkelverbindung (einen Aspekt) zu einem Radix-Planeten eingeht, so ist immer zu berücksichtigen, wie dieser Radix-Planet generell erlebt bzw. ausgelebt wird.

Prinzipien zu Aussagen zu gelangen. Dazu werden – wie schon im »Grundkurs Astrologie« beschrieben – die »Schablonen« übereinander gelegt. Danach ist folgende Vorgehensweise sinnvoll:

- Als Erstes müssen wir das Geburtshoroskop deuten.
- Der nächste Schritt besteht darin, sich die prinzipielle Wirkungsweise des jeweiligen transitierenden Planeten anzusehen. Die Wirkungsweise ist dieselbe, wie wir sie aus dem Radix kennen, nur eben temporär (Planeten im Transit, siehe Seite 13).
- Wenn wir festgestellt haben, wie die Transit-Planeten in den einzelnen Häusern wirken, müssen wir diese Wirkung insofern modifizieren, als diese Transit-Planeten ihrerseits wieder Verbindungen mit den Radix-Planeten im Geburtshoroskop eingehen. Und auch hier gelten die gleichen Fragen wie für das Radix-Horoskop: Wie lassen sich die beiden Kräfte vereinbaren? Ergänzen sie sich, oder schränken sie sich ein und behindern sich? Das bedeutet, wenn wir eine Prognose stellen wollen, fragen wir zunächst: Was will der Planet in diesem Haus? Und als Zweites: Gelingt ihm das recht mühelos, oder müssen wir mit Schwierigkeiten auf diesem Weg rechnen?

Im Folgenden möchte ich beispielhaft Möglichkeiten skizzieren, wie die Transit-Planeten auf Radix-Planeten im Horoskop wirken können. Dabei gehe ich nicht explizit auf die Art der Winkelverbindung ein, sondern habe fließende Aspekte wie Trigone und Sextile mit einem »+« versehen, die Spannungsaspekte, also Oppositionen und Quadrate, mit einem »–«, also ob die Planetenkräfte eher leicht und mühelos in Einklang zu bringen sind (Trigon, Sextil) oder ob sie sich eher schwierig und mit Mühe bewältigen lassen (Opposition, Quadrat). Konjunktionen sind nicht generell dem einen oder dem anderen zuzuordnen, sondern gemäß der bereits besprochenen Weise zu behandeln (siehe Seite 32).

Das Häuserthema, das Tierkreiszeichen, welches das Haus anschneidet, und der darin befindliche Planet ergeben – als durchsichtige Schablonen übereinander gelegt – ein Bild, auf dessen Grundlage der Transit gedeutet werden kann.

Aspekte der Transit-Sonne zu den einzelnen Planeten

Sonne – Sonne ☉ – ☉

+ Energiepotenzial höher als sonst, spielerisches Gelingen
– Jemand durchkreuzt die eigenen Pläne, viele Anstrengungen verlaufen im Sande

Transite

Wenn die Sonne eine harmonische Verbindung mit Saturn eingeht, so erlebt man diese wahrscheinlich als stützenden Halt und Struktur; eine Opposition und – noch ausgeprägter – das Quadrat werden eher als einengendes Korsett empfunden.

Sonne – Mond   ☉ – ☾
+ Man fühlt sich ausgeglichen, harmonisch, Freude an der Familie
− Überempfindlich, unausgeglichen, mit Handlungen nicht zufrieden

Sonne – Merkur   ☉ – ☿
+ Möglichkeit, sich klar und präzise auszudrücken; Konzentration und Selbstausdruck gelingen; Zeit für Fortbildung und Kurzreisen
− Selbstdarstellung gelingt nicht gut, Verständigung funktioniert nicht, Missverständnisse leicht möglich, nervös und unruhig

Sonne – Venus   ☉ – ♀
+ Aufmerksamkeit und Sympathie anderer, Vergnügungen genießen, eventuell tritt neue Liebe ins Leben; Umgang mit Finanzen begünstigt
− Verschwendung; zu viel Amüsement, Eitelkeit; nicht bereit, sich anzustrengen; unterschwellige Beziehungsprobleme tauchen auf

Sonne – Mars   ☉ – ♂
+ Voller Einsatz, dynamisch, Identifizierung mit dem, was man tut
− Neigung zu Aggression, Streitaspekt; überschätzte Kräfte, Ungeduld

Sonne – Jupiter   ☉ – ♃
+ Mit diesem starken Aspekt kann man selbst in schlechten Zeiten lachen; mitreißende Dynamik, Öffnung für neue Erlebnisse
− Neigt zu Übertreibung, wenig Disziplin, viel Enthusiasmus; Verschwendung von Ressourcen; Arroganz, Selbstgerechtigkeit

Sonne – Saturn   ☉ – ♄
+ Große Disziplin möglich; genaues und konzentriertes Arbeiten
− Selbstdarstellung eher reduziert; Energieniveau gesenkt

Sonne – Uranus   ☉ – ♅
+ Alltagsüberraschungen; intuitive Einfälle und Ideen
− Plötzliche Störungen, Unfälle; unterdrückte Freiheitstendenzen

Sonne – Neptun   ☉ – ♆
+ Inspiration, Stille, nach innen gerichtet
− Enttäuschungen; Wirklichkeitssinn eingeschränkt, verunsichert

Sonne – Pluto   ☉ – ♇
+ Machtzuwachs; schöpferische Kräfte; intensive Erlebnisse
− Nicht steuer- oder kontrollierbare Situationen; innere Zwänge, einengende Kräfte

Merkur-Aspekte

Der Aspekt Sonne – Venus kann für eine neue Liebe und für Sympathie allgemein stehen.

Aspekte des Transit-Merkurs zu den einzelnen Planeten

Merkur – Sonne ☿ – ☉
+ Anregungen und Geschäftigkeit; gelungene Kommunikation
− Kraftvolle Wirkung der Kommunikation, aber teilweise auch zerstreut und nervös

Merkur – Mond ☿ – ☾
+ Erhöhte emotionale Empfindsamkeit; über Gefühle sprechen
− Unangebrachte Ausdrucksweise; empfindlich

Merkur – Merkur ☿ – ☿
+ Wissbegierig; eigener Standpunkt kann gut klargemacht werden
− Alte Überzeugungen stehen auf dem Prüfstand; wenig Kompromissbereitschaft

Merkur – Venus ☿ – ♀
+ Möglichkeit zur friedlichen Aussprache; Liebesgeständnisse
− Mitmenschliche Spannungen; in der Meinung beeinflussbar

Merkur – Mars ☿ – ♂
+ Man sagt, was man denkt; gute Problemlösungen
− Schüchtern, nervös und irritiert; »Explosionsgefahr«

Im Allgemeinen gehört die Konjunktion zwischen Sonne und Merkur zu den angenehmen Transiten. Es kann allerdings sein, dass man während dieser Tage eine gewisse Geschwätzigkeit an den Tag legt.

Merkur – Jupiter ☿ – ♃
+ Optimismus; begünstigt Studium; Gewinn bringende Geschäfte
− Übersehen des »Kleingedruckten«; den einfachen Weg nehmen

Merkur – Saturn ☿ – ♄
+ Begünstigt wichtige Entschlüsse; methodische Arbeit
− Reserviertheit, Einsamkeitsgefühle; getrübte Stimmung

Merkur – Uranus ☿ – ♅
+ Neue Lösungsmöglichkeiten entstehen; intuitive Einfälle; klare Wahrnehmung
− Wenig Disziplin; Störungen; hektisch, daher Unfallgefahr

Merkur – Neptun ☿ – ♆
+ Lösung aus dem Alltäglichen; intuitives Erfühlen von Stimmungen anderer
− Unklarheit, Verwirrung; schwache Nerven; falsche Informationen

Merkur – Pluto ☿ – ♇
+ Beeindruckende Begegnungen und Gespräche; tiefe Innenschau
− Zwanghaftes Denken; Meinung wird anderen aufgedrängt

Aspekte der Transit-Venus zu den einzelnen Planeten

Wenn Venus den Mond im Transit berührt, so ist man während dieser Tage im Einklang mit seiner Umgebung. Ein Quadrat zwischen der laufenden Venus und dem Mond zeigt eher die Sehnsucht nach Einklang und Harmonie an.

Venus – Sonne ♀ – ☉
+ Entspannt; begünstigt schöpferische Arbeiten und Beziehungen
− Nicht besonders kraftgeladen; wenig Disziplin und Arbeitslust

Venus – Mond ♀ – ☾
+ Verstärkung des Gefühls; emotional positive Auswirkungen
− Liebesbedürftige Stimmung; eventuell Konflikte mit der Mutter

Venus – Merkur ♀ – ☿
+ Günstig für Vertragsverhandlungen und Geldangelegenheiten
− Geringe geistige Disziplin; Auseinandersetzung in der Partnerschaft

Venus – Venus ♀ – ♀
+ Begünstigt Neuanfang in der Liebe; aufgeschlossen für alles Schöne
− Ungenauigkeit in der Arbeit, keine Auseinandersetzungsbereitschaft

Venus – Mars ♀ – ♂
+ Liebevolles Verlangen nach dem Partner; lebensfroh
− Unkritisch; Wunsch nach sofortiger Triebbefriedigung, auch sexuell

Venus – Jupiter ♀ – ♃
+ Begünstigt finanzielle Angelegenheiten, steht für Würden und Ehren
− Nachlässigkeit und Trägheit; exzessives Essen, Trinken, Feiern

Venus – Saturn ♀ – ♄
+ Beginn zuverlässiger Beziehungen, die auf Vernunft basieren
− Beziehungsschwierigkeiten; Einsamkeitsgefühle, düstere Stimmung

Venus – Uranus ♀ – ♅
+ Plötzliche, ungewöhnliche Liebesbeziehung; ausgefallener Geschmack
− Plötzliche Geldausgaben; Freiheitsdrang; Herausforderung

Venus – Neptun ♀ – ♆
+ Fördert Kreativität, Romantik und Kunstsinn; Hilfsbereitschaft; Gespür für die Bedürfnisse der Mitmenschen; Zufriedenheit
− Enttäuschung über einen Liebespartner, kein starker Realitätssinn

Venus – Pluto ♀ – ♇
+ Intensiviert die Emotionen, begünstigt das Verstehen von Emotionen
− Eifersucht, Manipulation, Zwanghaftigkeit, Schuldgefühle

Aspekte des Transit-Mars zu den einzelnen Planeten

Mars – Sonne ♂ – ☉
+ Energiegeladen; starkes Selbstbewusstsein; begünstigt Anfänge
− Ärger und Reizbarkeit; wenig kompromissbereit

Mars – Merkur ♂ – ☿
+ Große geistige Leistungsfähigkeit; gute Verhandlungsfähigkeit
− Leicht aufbrausend, scharfe Zunge; Unfallgefahr durch Zerstreutheit

Mars – Venus ♂ – ♀
+ Gute Zeit für Ferien, Geselligkeit, kreative Aktivitäten
− Eventuell übertriebene Suche nach einem Partner oder zu starke Beanspruchung des Partners; unüberlegte Ausgaben für Luxus

Mars – Mars ♂ – ♂
+ Eigene Interessen erfolgreich durchsetzen; neue Pläne verfolgen
− Große Ungeduld, Überempfindlichkeit; impulsives Handeln

Mars – Jupiter ♂ – ♃
+ Günstig für geschäftliche Unternehmungen; großes Kraftpotenzial
− Verschwendungssucht, eigene Ideologie ist die einzig gültige

Es lohnt sich, die Marstransite einmal ein ganzes Jahr hindurch zu beobachten, denn daran kann man ablesen, wo er jedem einzelnen zusätzliche Energie verleiht, die wir nutzen bzw. auf sinnvollere Ebenen umleiten können.

Mars – Saturn ♂ – ♄
+ Begünstigt schwierige Arbeiten, Durchhaltekraft; gute Ideen; Umsetzung sollte aber erst nach dem Transit erfolgen
− Unterdrückte Wut; Vorbehalte und Verzögerungen; keine gute Zeit für rechtliche Angelegenheiten und Genehmigungen

Mars – Uranus ♂ – ♅
+ Entdeckung der Individualität; originelle Einfälle; Änderungen
− Eigensinnigkeit; Drang, »außer Kontrolle« zu geraten, sich »irgendwie« von Druck zu befreien; plötzliche Überraschungen

Mars – Neptun ♂ – ♆
+ Beschäftigung mit spirituellen Themen
− »Navigationsprobleme«; Klatsch; Sucht

Mars – Pluto ♂ – ♇
+ Ehrgeiz wird stimuliert; längerfristige Zielsetzung; Veränderungen
− Aktiviert Auseinandersetzungen, Aufregungen; leicht verärgert und verletzt; man kann ungute Situationen anziehen

Aspekte des Transit-Jupiters zu den einzelnen Planeten

Während der Übergang des transitierenden Mars über Jupiter im günstigen Fall ein großes Kraftpotenzial bedeutet, zeigen im umgekehrten Fall – also Jupiter im Transit über Mars – unsere Ziele eine idealistische Färbung.

Jupiter – Sonne ♃ – ☉
+ Schöne Erlebnisse auf Reisen; glückliche Entfaltungsmöglichkeiten
− Test für Disziplin; Arroganz; sinnlose Anhäufung materieller Dinge

Jupiter – Mond ♃ – ☽
+ Glücklich in der Familie, viel Familienleben
− Großer Hunger nach Zuwendung; emotional nicht geborgen

Jupiter – Merkur ♃ – ☿
+ Begünstigt alles, was Lernen betrifft; günstig für Geldgeschäfte
− Einen Rat überhören, Kleingedrucktes überlesen; nachlässiges Denken

Jupiter – Venus ♃ – ♀
+ Schöner Transit für neue Liebesverbindungen; Wohlleben
− Neigt zu Übertreibungen in Bezug auf Luxus, Geldausgaben und Beziehungen; man arbeitet nicht gern, Leerlauf

Jupiter – Mars ♃ – ♂
+ Entschiedenheit; hochherzige Ziele; berufliche Erfolge
− Zu impulsiv, riskante Unternehmungen; Überschwänglichkeit

Jupiter – Jupiter ♃ – ♃
+ Kreuzritter der Ideale, Enthusiasmus, Bildungsmöglichkeiten
− Missionarsaspekt, Raubbau mit Kräften, Ego-Inflation

Jupiter – Saturn ♃ – ♄
+ Größtmögliche Stabilität, wirkt sehr günstig bei jedem Neubeginn
− Schwierig zu leben: heute gutes Gefühl in der Beziehung und Wunsch nach Stabilität, morgen Wunsch nach Freiheit; Beziehung zwischen Jupiter im zehnten Haus und Saturn im zwölften Haus können sich gegenseitig aufheben (Zwiespalt Askese – Verschwendung)

Jupiter – Uranus ♃ – ♅
+ Expansivster Aspekt; positive schicksalhafte Veränderungen; grenzenlose Freiheit; eventuell Erfindung oder Entdeckung; unerwarteter finanzieller Gewinn
− Ungeduld gegenüber Beschränkungen; ständige Veränderungen

Jupiter – Neptun ♃ – ♆
+ Auseinandersetzung mit mystischen Bereichen, eigene Realität überprüfen; sehr idealistische Einstellung; Natur genießen
− Täuschung, eventuell wird Hilfe ausgenutzt; spirituelle Wahnvorstellungen

Jupiter – Pluto ♃ – ♇
+ Größtmögliche Wandlungsprozesse; mit diesem Transit fallen Transformationsprozesse aber nicht schwer
− Zu starkes Machtbedürfnis; zu viel Ehrgeiz; zu große Intensität

Bei positiven Begegnungen von Jupiter und Saturn können sich die Prinzipien Erweiterung und Begrenzung verständigen und gute Ergebnisse erzielen, während bei spannungsgeladenen Übergängen Zwiespalt und Hindernisse entstehen.

Aspekte des Transit-Saturns zu den einzelnen Planeten

Saturn – Sonne ♄ – ☉
+ Fortschritte ohne besondere Anstrengung; Lob und Anerkennung
− Physisch und psychisch niedrige Vitalität; Entmutigung; Prüfungen

Saturn – Mond ♄ – ☾
+ Disziplin; Selbstbeherrschung; relativ konfliktfreies Leben
− Einsamkeitsgefühle, Depressionen; sehr selbstkritisch und destruktiv

Saturn – Merkur ♄ – ☿
+ Stabile Ordnung der Gedankenwelt; geistige Disziplin und Fleiß
− Starres, verknöchertes Denken; pessimistische Gemütsstimmung

Transite

Saturnübergänge über die Venus werden oft als schwierig empfunden. Hat man aber gelernt, mit diesem Transit umzugehen, so nimmt man Beziehungen wahrscheinlich ernster als vorher und weiß mehr über die eigene Verantwortung in Partnerschaften.

Saturn – Venus   ♄ – ♀
+ Begünstigt geschäftliche Beziehungen, gut für schwierige Arbeiten
− Verzicht auf Freuden des Lebens; Schwierigkeiten in Beziehungen

Saturn – Mars   ♄ – ♂
+ Geduld und Genauigkeit; Leistungen führen zu bleibenden Erfolgen
− Mitmenschliche Konflikte; provokanter Ehrgeiz; Blockaden

Saturn – Jupiter   ♄ – ♃
+ Aus Einschränkung wird Struktur; man überblickt leichter das eigene Leben und trifft wichtige Entscheidungen für die Zukunft
− Einschränkungen, Hindernisse; Ruhelosigkeit; falsche Entschlüsse

Saturn – Saturn   ♄ – ♄
+ Ausgewogenheit und Ordnung; man erkennt Grundzüge des eigenen Wesens; Lebensziele werden in die Tat umgesetzt
− Blockaden im Beruf; Unsicherheit; Überprüfung des eigenen Lebens

Saturn – Uranus   ♄ – ♅
+ Alte und neue Lebenselemente lassen sich gut vereinbaren; Gefühl von Gelassenheit; kreative, langsame Veränderung des Lebens
− Extreme Spannung zwischen Alt und Neu, die den Selbstausdruck hemmt; Belastungsprobe für Beziehungen; plötzliche Brüche

Saturn – Neptun   ♄ – ♆
+ Ideale und Realität finden zueinander; ruhige, nüchterne Reflexion
− Große Unsicherheit, Verwirrung; Ziele verschwimmen; gesellschaftlicher Außenseiter

Saturn – Pluto   ♄ – ♇
+ Innere kreative Kräfte werden ins tägliche Leben umgesetzt; großes Kraftpotenzial; beeindruckende Leistungen; gute Zusammenarbeit
− Raubbau an der Gesundheit, vergebliche Anstrengungen; Enttäuschungen

Aspekte des Transit-Uranus zu den einzelnen Planeten

Uranus – Sonne   ♅ – ☉
+ Neuer Selbstausdruck; Veränderungen werden zugelassen, Beschränkungen abgeworfen; anderer Freundeskreis, neue Hobbys
− Unsicherheit, Chaos, plötzliche Ereignisse und Störungen

Uranus – Mond ♅ – ☾
+ Kindliches Verhalten wird offenbar; Änderung der Unabhängigkeit
− Emotionale Störungen, überstürztes Handeln; Instabilität; Probleme mit Frauen; Umzug zwar erwünscht, aber nicht empfehlenswert

Uranus – Merkur ♅ – ☿
+ Gut für Studienbeginn neuer Wissenschaften; konstruktive Änderung im Denken; guter Reiseaspekt; neue Wege der Kommunikation
− Konfusion, Entscheidungen auf später vertagen; beschleunigt Tempo

Uranus – Venus ♅ – ♀
+ Künstlerische Ideen; »zweite Jugend«; vielfältige Beziehungen
− Unberechenbar in Beziehungen; Vorsicht mit »neuem Geschmack«

Uranus – Mars ♅ – ♂
+ Neue Lebensgestaltung; Freiheit für sich gegen andere durchsetzen
− Reizbarkeit, Wutausbrüche; unfallgefährdet; Rebellion gegen Beschneidung von Bewegungsfreiheit und Selbstausdruck

Uranus – Jupiter ♅ – ♃
+ Unerwartete Glücksfälle; neue Handlungsspielräume; innerliches Wachstum, neue Wege zur Wahrheitsfindung; experimentierfreudig
− Vertrauensselig, hohe Risikobereitschaft; Ungewissheit

Uranus – Saturn ♅ – ♄
+ Beseitigt hemmende Strukturen; Veränderungen kreativ umsetzen
− Spannungen zwischen Wunsch nach Freiheit und Angst vor Veränderung; unvermuteter Ausbruch; spürbare Beschränkungen

Uranus – Uranus ♅ – ♅
Konjunktion (durch Rückläufigkeit) in früher Kindheit: Viele Störungen
Erstes Sextil (ca. 14 Jahre): Alles infrage stellen, größere Weltsicht
Erstes Quadrat (ca. 20 Jahre): Finden des eigenen Lebensweges
Erstes Trigon (ca. 28 Jahre): Lösung vom Gruppendenken, Beginn des individuellen Lebensweges
Opposition (ca. 40–45 Jahre): Midlifecrisis; Fragen nach dem Lebenssinn
Zweites Trigon (ca. 56 Jahre): Bewertung bisheriger Erfahrungen, manchmal noch Lebensumstellung; man kann Klarheit erlangen über seine Vorstellung von einem erfüllten Leben
Zweites Quadrat (über 60 Jahre): Beschäftigung mit den inneren Werten

Die Übergänge des sehr langsam laufenden Uranus über seinen Geburtsplatz stellen einen Zyklus dar und werden deshalb – anders als alle anderen Übergänge – als Stationen dargestellt. Nach etwa 85 Jahren kehrt Uranus an seinen Geburtsplatz zurück.

Uranus – Neptun ♅ – ♆
+ Größmögliche Bewusstseinserweiterung, Interesse an Spiritualität, Mystik, Metaphysik; Umwandlung aller Ideale und Ziele
− Geistige Fluchtwege; Verwirrung

Uranus – Pluto ♅ – ♇
Generationsaspekt! Weit reichende, konstruktive Veränderungen im Leben durch langsame, tief greifende psychische Energien sowohl im Inneren als auch bezüglich der äußeren Lebensumstände

Aspekte des Transit-Neptuns zu den einzelnen Planeten

Neptun – Sonne ♆ – ☉
+ Sensitivität und Mitgefühl für andere; Beschäftigung mit Sinnfragen
− Müdigkeit, Selbstmitleid, Ziellosigkeit; starke Reaktion auf Medikamente und/oder Alkohol

Neptun – Mond ♆ – ☾
+ Stimuliert Empfänglichkeit für Übersinnliches; erhöhte emotionale Wahrnehmung; Seelengemeinschaften; poetische Ader
− Idealisierung des Partners («Traumfrau«/»Traummann«); Illusionen; sehr stimmungsabhängig; Aufnahme negativer Energien

Neptun – Merkur ♆ – ☿
+ Erfassung subtilster Strömungen; Vorstellungskraft, kreativer, leichter Geist, viele Einfälle; Intuition und Intellekt verbinden sich
− Selbstbetrug, betrogen werden und/oder betrügen; Gedanken nicht richtig fassbar und verworren, kein klarer Ausdruck, ungenaue Erklärungen, zu sehr auf andere hören und/oder man hört nicht zu

Neptun – Venus ♆ – ♀
+ Verträumte romantische Stimmung; Entfaltung der Kreativität; Annehmen des Partners trotz erkannter Wirklichkeit
− Wenig Praxissinn; Vogel-Strauß-Politik; Idealisierung des Partners (romantische Liebe); Vermischung von Phantasie und Wahrheit

Neptun – Mars ♆ – ♂
+ Intuitives Begreifen von Situationen; Hilfe für andere, aber aus dem Hintergrund; nicht im Rampenlicht stehen
− Verwicklung in unehrliche Angelegenheiten; wenig Aktivität

Wenn der laufende Neptun direkt über der Geburtssonne steht, so ist es an der Zeit, mehr »auf den Bauch« zu hören und Dinge gelassener abzuwarten anstatt sich in erhöhtem Aktionismus zu erschöpfen.

Neptun – Jupiter ♆ – ♃
+ Akzeptanz von unüberschreitbaren Grenzen; Idealismus; plötzliche Reisen auf eigene Faust; Wunsch nach sozialer Gerechtigkeit
− Überhöhte Erwartungen; extremer Idealismus, unklarer Wirklichkeitskontakt; wenig Auseinandersetzungsbereitschaft

Neptun – Saturn ♆ – ♄
+ Umsetzung von Idealen durch klare Erkenntnis der Realität; Erkennen der eigenen Bedürfnisse; kreative Organisationsleistungen
− Verzerrung des Wirklichkeitsbildes; Verwirrung und Depression

Neptun – Uranus ♆ – ♅
+ Intuitives Erfassen von Trends und Strömungen; soziale Belange werden wichtig
− Plötzlicher Stimmungs- und Meinungswechsel; geringe Stabilität

Neptun – Neptun ♆ – ♆
Sextil: Zeit der ersten Saturn-Wiederkehr (mit ca. 28 Jahren): Vorstellungen über sich selbst sind noch nicht ganz klar
Quadrat (mit ca. 42 Jahren): Meist Teil der Midlifecrisis; Lebensziele werden hinterfragt; oft mit Störungen und Unruhe verbunden
Trigon (mit ca. 55 Jahren): Mehr Sympathie und Verständnis für Probleme der Mitmenschen; man begreift, dass andere auch fühlen

Neptun – Pluto ♆ – ♇
+ Sanfter Wandel; enger Kontakt mit psychischen Impulsen
− Destruktive oder unterminierende Handlungen, die sich gegen uns kehren; Psychotherapie oder Gespräche wären hilfreich

Auch bei Neptun ist es sinnvoll, die eigenen Übergänge in Form von Stationen darzustellen. Eine Neptun-Opposition zu seinem Standort im Geburtshoroskop erlebt man erst mit über 80 Jahren. Diese kann dann sowohl für Weisheit als auch für Unklarheit stehen.

Aspekte des Transit-Plutos zu den einzelnen Planeten

Pluto – Sonne ♇ – ☉
+ Profilierung durch Zusammenarbeit; Neuaufbau, kreative Veränderung, neue Strukturen entstehen; kraftvoller Ausdruck
− Machtkämpfe, Konflikte, Rücksichtslosigkeit, Zerstörung jeder Opposition, explosive Energien; gesundheitlicher Zusammenbruch

Pluto – Mond ♇ – ☾
+ Begreifen der eigenen wirklichen Motive; intensives und wahres Erleben der eigenen Emotionen; klares Erfassen der eigenen Werte

– Test psychischer Belastbarkeit; alte Verhaltensweisen und unterdrückte Kräfte kommen an die Oberfläche; emotionale Zwänge

Pluto – Merkur ♇ – ☿
+ Suche nach Wahrheit; Interesse für Verborgenes; begünstigt Forschungen und Studien

– Opfer von Zwangsvorstellungen oder fanatischen Ideen; Besserwisserei, Aufzwingen von Idealen; schwierige Kommunikation

Pluto – Venus ♇ – ♀
+ Bedeutsame Freundschaft oder Liebesbeziehung; hohe Gefühlsintensität und -stärke; Liebe und Kreativität

– Sexuelle Obsessionen; Eifersucht, Besitzdenken, Manipulation

Pluto – Mars ♇ – ♂
+ Große Kraft für Ziele; Fähigkeit zu ausdauernder Anstrengung

– Aktive oder erlittene Gewalttätigkeiten; rücksichtslose Dominanz oder dominiert werden; körperlicher Raubbau; Wutausbrüche

Pluto – Jupiter ♇ – ♃
+ Große persönliche Erfolge und Ruhm; tiefer, kreativer Idealismus; religiöse oder spirituelle Regeneration

– Extreme Verhaftung; Arroganz durch überhöhtes Selbstvertrauen; Ziele können wichtiger werden als Mitmenschen; Dominanz

Pluto – Saturn ♇ – ♄
+ Durchhaltekraft und Zähigkeit; einfacher Lebensstil; Schaffen neuer Lebensstrukturen; Einzelkämpfer

– Zwiespalt zwischen Transformation und Festhalten am Alten; Verluste verschiedener Art: Prinzipien, Beziehungen, materielle Güter

Pluto – Uranus ♇ – ♅
Generationsaspekt! Veränderungen, die sich deutlich vom Bisherigen unterscheiden; hemmende Strukturen brechen weg

Pluto – Neptun ♇ – ♆
Generationsaspekt! Auflösung alter Werte, viele Elemente verschwinden und kündigen Veränderungen und eine neue Ordnung an

Pluto – Pluto ♇ – ♇
+ Inneres Wachstum; Stabilität inmitten von Veränderung; Erneuerung

– Kampf gegen unumgängliche Veränderung im Innen und Außen

Pluto-Aspekte sind – wie die Aspekte der anderen Langsamläufer – Generationsaspekte. Wichtig ist, in welchem Haus Pluto im persönlichen Horoskop zu stehen kommt. Seine Transite sind immer tief greifender Natur, man kann sie nicht ignorieren.

Hinweise zur Deutung

Ich greife aus unserem Beispielhoroskop nur einen wichtigen Aspekt heraus, denn es geht dabei nicht um die Gesamtinterpretation dieses Horoskops, sondern darum, einen Transit zum besseren Verständnis beispielhaft zu skizzieren. Sehen wir uns die Sonne im Horoskop von Andreas an (siehe Seite 47).

Transite über die Sonne

Vor einiger Zeit lief Uranus über die Sonne/Chiron-Konjunktion im achten Haus. Diese Konjunktion verschafft Andreas das Talent, außerordentlich rasch Situationen und Probleme zu durchschauen und andere Menschen geschickt kontrollieren zu können. Die Entscheidung, es zu tun, liegt bei jedem Einzelnen selbst. Die Konjunktion spricht auch von einem gewissen Mangel an Selbstdisziplin. Häufig ist mit diesem Aspekt auch eine genetische Wunde verbunden (in der einfachsten Form ist dies der fehlende Vater).

Ein MC in den Fischen und sein Herrscher im fünften Haus sind auch Hinweise auf künstlerische Talente oder Heilberufe. Diese Kombination kann ebenso auf eine große Unsicherheit im Hinblick auf den Beruf oder eine unschlüssige Handlungsweise hinweisen.

Der Aspekt Pluto – Merkur begünstigt die eigenen Forschungen und Studien. Die Suche nach Wahrheiten ist sehr wichtig.

Transite

> Bei einem Uranus-Transit über Sonne, Merkur und Chiron, ein vor nicht allzu langer Zeit entdeckter Planet, sind plötzliche Richtungs- und Meinungsänderungen nicht selten, ebenso plötzliche Lebensbrüche und die Ablehnung jeglicher Bindungen und Verpflichtungen.

Auffällig ist nun eine weitere Konjunktion von Sonne/Chiron mit Merkur, die zwar einerseits von vielfältigen Talenten spricht, es aber meist an einer etwas objektivierenden Sichtweise fehlen lässt. Ebenfalls dazu gehört die Opposition zu Uranus, die sich bei Andreas unter anderem durch eine Zerrissenheit im Selbstwert äußert. Über diese Konstellation wanderte also nun Uranus.

Dies ist im Leben mancher Menschen eine Zeit, in der sie ihre ersten eindrücklichen Arbeiten der Welt vorstellen. Andreas lebte den Transit auf andere Art – er zog mit der Familie in ein größeres Haus, in dem er auch sein Büro unterbringen konnte. Er hatte sich schon als junger Mensch selbstständig gemacht, weil er Routine und Kontrolle von außen oder »oben« nicht ertragen konnte, und arbeitete als Subunternehmer einer Versicherung (interessant ist dabei, dass das achte Haus ja auch das Vermögen anderer und Versicherungen beinhaltet). Er hatte in der Tat vielfältige Interessen und Talente, konnte sich aber in keinem Fall dazu durchringen, mit Disziplin und/oder Fleiß seine Ideen umzusetzen – auch nicht in seinem Beruf.

Als nun Uranus vorbeigezogen war, war Andreas mit seinem Umzug nicht mehr zufrieden, und die Arbeitssituation sagte ihm bald nicht mehr zu, weil die häuslichen Ablenkungen für ihn zu groß waren. Also zog er mit anderen selbstständig arbeitenden Kollegen zusammen in ein Gemeinschaftsbüro (Uranus steht ja auch für »Gleichgesinnte«). Außerdem stellte Andreas das Verhältnis zu seiner Frau zwar geistig-seelisch, nicht aber körperlich zufrieden, obwohl sie seinem Frauenbild eigentlich entsprach. Andreas zog es jetzt zu handlungsfähigen, gebildeten Frauen mit heilerisch-helfenden Kräften (siehe Venus- und Mondstellung und deren Herrscher in dem Horoskop). Zu diesem Zeitpunkt rückte nun Neptun an die Sonne heran und brachte Verunsicherung, Träume und Realitätsflucht mit sich, aber auch die Ahnung, wie sein künftiges Leben aussehen könnte. Er reiste einer seiner unerfüllten Visionen in eine andere Stadt hinterher und war sich seiner Liebe sicher. Allerdings nur bis zu seiner Rückkehr, denn dort verliebte er sich neu und kurze Zeit später noch einmal – in die nächste Vision. Unter einem Neptun-Sonnen-Transit ist das Try-and-Error-Prinzip also nicht selten.

Das Horoskop von Andreas

Ein Blick auf das Horoskop von Andreas

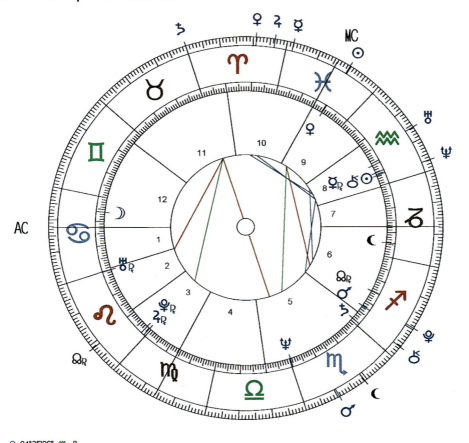

☉ 04°35'06" ♒ 8						☉ 10°17'32" ♓ 9	
☽ 06°01'56" ♋ 12						☿ 28°09'29" ♓ 10	
☿ 09°03'22" ♒ 8	AC 12°25'13" ♋					♀ 09°11'40" ♈ 10	
♀ 09°45'48" ♓ 9	2 29°29'13" ♋						
♂ 07°31'19" ♐ 6	3 18°52'19" ♌	Kardinal: 3		Kardinal: 4		♂ 10°31'00" ♏ 5	
♃ᴿ 29°14'01" ♌ 3	4 14°10'58" ♍	Fix: 7		Fix: 7		♃ 03°41'04" ♈ 10	
♄ 01°02'11" ♐ 5	5 19°52'42" ♎	Beweglich: 6		Beweglich: 5		♄ 00°01'39" ♉ 11	
♅ᴿ 00°06'29" ♌ 2	6 04°19'47" ♐	Feuer: 7		Feuer: 6		♅ᴿ 14°18'39" ♒ 8	
♆ 00°24'24" ♏ 5	7 12°25'13" ♑	Erde: 1		Erde: 2		♆ 03°13'12" ♒ 8	
♇ᴿ 27°55'04" ♌ 3	8 29°29'13" ♑	Luft: 3		Luft: 2		♇ 10°27'06" ♐ 6	
☊ 05°49'27" ♒ 8	9 18°52'19" ♒	Wasser: 5		Wasser: 6		☊ 03°40'54" ♐ 5	
☾ 05°35'46" ♉ 6	MC 14°10'58" ♓	Männlich: 10		Männlich: 8		☾ 19°14'08" ♏ 5	
☋ 14°47'40" ♐ 6	11 19°52'42" ♈	Weiblich: 6		Weiblich: 8		☋ 21°15'14" ♌ 3	
	12 04°19'47" ♊						

Siebenjahres-Rhythmus

Eine effektive Methode der Prognose ist der Siebenjahres-Rhythmus und seine Auslösungen. Vor Jahren stieß ich auf die Münchner Rhythmenlehre von Wolfgang Döbereiner, der diese Methode entwickelt und demonstriert hat. Seither arbeite ich mit ihr, wenngleich ich sie aufgrund meiner eigenen Erfahrungen etwas modifiziert habe. Dieser Rhythmus geht davon aus, dass unser Leben alle sieben Jahre eine andere Färbung bekommt und ein anderes Lebensthema angesprochen wird. Außer dieser Zeitqualität gibt es herausragende Zeitpunkte, zu denen sich die Zeit- bzw. eine Planetenqualität in einem »Ereignis« manifestiert. Ereignis steht in Anführungsstrichen, weil wir darunter meist eine äußere Begebenheit verstehen, es sich aber auch um einen innerseelischen Vorgang handeln kann. Wie oder wodurch ein solcher Zeitpunkt ausgelöst wird, erfahren Sie im Abschnitt »Auslösungen« (siehe Seite 71).

Einführung

Ehe wir nun an die Deutung gehen können, sind noch einige theoretische Erklärungen notwendig, um zu verstehen, wie der Siebenjahres-Rhythmus gefunden wird und was zu beachten ist.

Das Zeichen, das zum Zeitpunkt unserer Geburt im Osten aufsteigt, ist der Aszendent. Er repräsentiert unseren Instinkt, er ist die Brille, durch die wir die Welt sehen. Was immer wir im Leben wollen – die Verwirklichung unserer Sonne –, wird von dieser Anlage geprägt sein. Nehmen wir an, jemand hat den Aszendenten Jungfrau, seine Sonne steht im Löwen. Er will sich also seiner Sonne gemäß kreativ verwirklichen und dabei größtmögliche Handlungsfähigkeit haben, aber sein Aszendent macht ihn – solange er diesen nur auf der »gehemmten« Stufe auslebt –

Die »erlöste« oder »erwachsene« Form dieses beschriebenen Jungfrau-Aszendenten würde bedeuten, dass es ihm möglich ist, im Team zu arbeiten, weil er sich anpassen kann – was sonst nicht gerade eine Stärke der Sonne im Löwen ist.

zu einem misstrauischen Menschen und mahnt ihn zu Anpassung und Unterordnung. In der »erlösten« Form, wenn also die Anlage entwickelt worden ist, kann sich der Aszendent dann äußerst segensreich auswirken.

Bestimmung des Siebenjahres-Herrschers

Unser Aszendent bekommt alle sieben Jahre eine andere Färbung, nämlich die des Zeichens, das im Uhrzeigersinn die nächste Häuserspitze bildet. Jede weitere Häuserspitze – ganz gleich, wie groß das Haus ist – bedeutet weitere sieben Jahre. Das Zeichen, durch das die jeweilige Häuserspitze führt, ist der Siebenjahres-Herrscher. Es kann auch dann einen Mitherrscher geben, wenn ein ganzes Zeichen in einem Haus eingeschlossen ist, wie das Beispielhoroskop von Anna (siehe Seite 50) demonstriert. Es zeigt einen Wassermann-Aszendenten, und während wir von der Geburt bis zum Ende des sechsten Lebensjahres durch das zwölfte Haus wandern, ist dieses Zeichen unser Siebenjahres-Herrscher. Das zwölfte Haus ist vom Steinbock angeschnitten, dort setzen wir im Alter von sieben Jahren an und wandern bis zum Ende des 13. Lebensjahres durch das elfte Haus. Dieses wiederum ist angeschnitten vom Schützen, und im Alter von 14 Jahren wird er zu unserem Siebenjahres-Herrscher. Am Ende des zehnten Hauses stehen wir vor unserem 21. Lebensjahr. Die Jahre 21 bis 28 stehen unter der Herrschaft des Skorpions, die sieben Jahre bis 35 unter der Herrschaft der Waage. Hier regiert die Jungfrau als Mitherrscher, die im siebten Haus eingeschlossen ist.

Häuser- und Zeichenthematik

Wenn wir die Deutung etwas näher bestimmen wollen, müssen wir immer die Häuserthematik jenes Hauses mit berücksichtigen, das im Uhrzeigersinn **nach** der betreffenden Häuserspitze liegt. Das bedeutet: Zwischen Geburt und dem siebten Lebensjahr geht es um die Thematik des zwölften Hauses, zwischen sieben und 14 Jahren um die Belange des elften Hauses usw. Die Häuserinhalte ändern sich niemals in Bezug auf das jeweilige Alter, denn wir rücken im Uhrzeigersinn um sieben Jahre vorwärts. Die Zeichen an den Häuserspitzen, die den Siebenjahres-Herrscher darstellen, sind – bestimmt durch den Aszendenten – verschieden.

> **Ist ein ganzes Zeichen in einem Haus eingeschlossen, wird es zum Mitherrscher des Hauses. Meist wird man erst später im Leben durch Transite auf diese Qualität aufmerksam gemacht – sie steht uns nicht von Anfang an zur Verfügung.**

Siebenjahres-Rhythmus

Das Horoskop von Anna

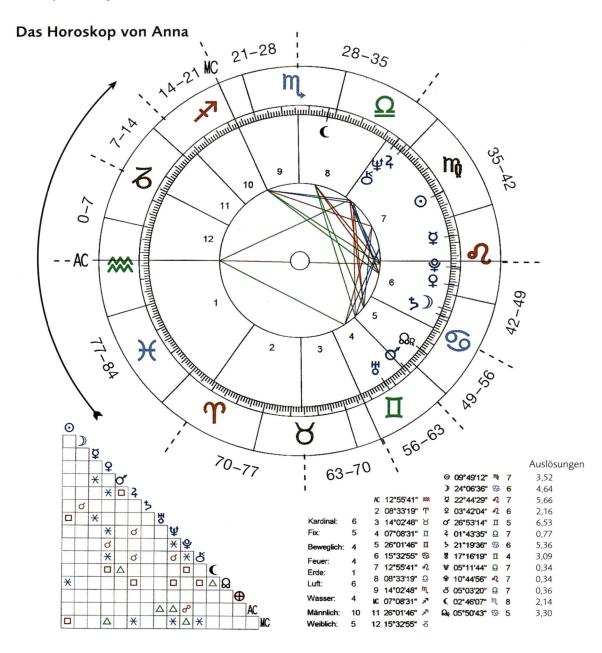

Häuserthemen

Wie schon erwähnt, wird der Siebenjahres-Rhythmus immer in derselben Reihenfolge von Häuserspitze zu Häuserspitze gezählt. Machen wir uns nun mit der Thematik der einzelnen Häuser vertraut, um zu wissen, worum es in den einzelnen Lebensabschnitten geht.

Haus 12 – Geburt bis Ende 6. Lebensjahr

Das zwölfte Haus repräsentiert unter anderem unser Unterbewusstes. Wir brauchen oft sehr lange, um »zu wissen, dass wir nichts wissen« und wieder den Zugang zum Unterbewussten zu bekommen wie zu Beginn unseres Lebens. Wir verinnerlichen unsere frühkindlichen Prägungen und greifen später auf erworbenes Verhalten zurück, ohne uns dessen bewusst zu sein.

Haus 11 – Abschnitt 7. bis Ende 13. Lebensjahr

Während dieser Zeit geht es darum, Freundschaften aufzubauen, uns als Individuum in der Gruppe kennen zu lernen und unsere Originalität und Individualität dort hineinzutragen. Hier wird uns das Ausmaß unseres Freiheitsstrebens klar (vor allem der geistigen Freiheit). In diesem Haus wird gelernt, subjektive Interessen zu überwinden und sich für eine Gemeinschaft oder Gemeinsamkeit einzusetzen. Die Art des Engagements zeigt das Herrscherzeichen.

Haus 10 – Abschnitt 14. bis Ende 20. Lebensjahr

An diesem Haus kann man sehr schön die Institution Schule ablesen, durch die wir alle »geschleust« werden. In dieser Zeit entsteht unsere Berufswahl bzw. wir übernehmen oft den Berufswunsch der Eltern. Ebenfalls ein Kriterium bei der Berufswahl ist der gesellschaftliche Aspekt, ob ein Beruf anerkannt ist, aber auch, welcher Beruf gerade besonders gebraucht wird. Das zehnte Haus repräsentiert die Werte, Normen und Maßstäbe der Gesellschaft, und wir können anhand der Zeichen- und Planetenstellung unseren Umgang damit sehen. Dies ist einleuchtend,

Der Beginn des Abschnittes zehntes Haus fällt zusammen mit der ersten Jupiter-Wiederkehr, der etwa 14 Jahre benötigt, um das Horoskop einmal zu umrunden. In diesem Alter beginnen wir im Allgemeinen, die Lebensform der Eltern kritisch zu betrachten und zu hinterfragen.

> Der Beginn des Abschnittes neuntes Haus fällt zusammen mit unserem ersten Uranus-Quadrat, das sich zwischen dem 19. und dem 21. Lebensjahr einstellt. Diese Energie steht in Verbindung mit einem größeren Wechsel des Lebensstils: Wir verlassen das heimatliche Nest.

denn ein Mensch mit einem Häuseranschnitt im Wassermann wird vielleicht mehrere Berufe in seinem Leben erlernen und sicherlich einen anderen Beruf ergreifen als jemand mit einem Häuseranschnitt im Stier. Dies könnte beispielsweise jemand sein, der mit Immobilien zu tun hat.

Haus 9 – Abschnitt 21. bis Ende 27. Lebensjahr

Hier geht es um Horizonterweiterung und Sinnfindung. Man findet eine eventuelle höhere Weiterbildung. Wenn dieses Lebensgebiet angesprochen wird, so sind auch die Einsichtnahme in fremde Weltbilder und das Verständnis, das wir dafür haben, angesprochen.

Haus 8 – Abschnitt 28. bis Ende 34. Lebensjahr

Wenn uns nicht das vorangegangene Haus, die Sinnfindung, an eine Familiengründung herangeführt hat, so bringt uns spätestens dieses Lebensgebiet mit Fragen der Beziehungsfähigkeit und Verbindlichkeit in Berührung. Hier finden wir die fortgesetzte Partnerschaft bzw. unseren Umgang damit. Unter Umständen müssen hier bestimmte Vorstellungen vom Leben geändert werden, wir setzen uns wahrscheinlich mit den Ideologien und Werten unserer Vorfahren auseinander.

Haus 7 – Abschnitt 35. bis Ende 41. Lebensjahr

Dieses Lebensgebiet repräsentiert Beziehungen, aber hier sind Beziehungen und Partnerschaften aller Art gemeint. Dieses Haus bringt uns mit unseren Schattenthemen in Berührung, mit projizierten Bildern, die wir als Feindbild oder Ergänzung erleben.

Haus 6 – Abschnitt 42. bis Ende 48. Lebensjahr

Dieses Lebensgebiet spricht von Anpassung an Gegebenheiten, die aber etwas ganz anderes ist als Unterordnung. Wir haben zu diesem Zeitpunkt eine Eigenverantwortung dafür, was wir arbeiten bzw. womit wir uns beschäftigen. Wir werden uns stärker mit der Gesundheit auseinander setzen und darauf achten, dass und wie wir anderen Gefühle vermitteln. Mancher wird das Bedürfnis verspüren, seine Angelegenheiten und sein Leben zu ordnen, vielleicht wird ein erstes Testament geschrieben.

Lebensmitte und Alter

Haus 5 – Abschnitt 49. bis Ende 55. Lebensjahr

Die Inhalte dieses Lebensgebietes sind Vitalität, Kreativität, Vergnügen, Sexualität, das Spielerische, die Herzlichkeit. Wie wir mit diesen Dingen umgehen, wird vom Herrscherzeichen und den eventuell angetroffenen Planeten bestimmt. Manche, die sich in diesem Lebensabschnitt befinden, sind auf der Höhe ihrer beruflichen Laufbahn. Andere fühlen sich voller Kraft, sind aber unterfordert und beginnen noch einmal etwas ganz Neues. Da im fünften Haus die Kinder – die leiblichen und geistigen – zu finden sind, entsteht in diesem Abschnitt vielleicht ein Buch, oder man unterstützt die Kinder auf dem Weg in die Selbstständigkeit.

Haus 4 – Abschnitt 56. bis Ende 62. Lebensjahr

Jetzt, da die Ernte meist schon eingefahren ist, gibt uns dieser Abschnitt die Möglichkeit, uns unseren Emotionen zuzuwenden. Da hier auch die Herkunftsfamilie zu finden ist, kann es sein, dass man sich mit seinen Eltern auseinander setzt. Möglich ist aber auch, dass wir unsere Umgebung, in der wir leben, verändern. In dieser Zeit werden wir uns oft über unsere Motivationen klar.

Haus 3 – Abschnitt 63. bis Ende 69. Lebensjahr

Dies ist die zehnte Siebenjahres-Periode, und der Durchgang durch dieses Haus kann sich auf zwei Arten äußern: Entweder man wird zu einem geselligen, kommunikativen Menschen, der gerne mit anderen seine Interessen teilt und Zeit verbringt, oder aber man zieht sich stark zurück und wird zum Eigenbrötler. Was sich ändert, ist die Selbstdarstellung: Das Bild, das wir von uns haben, ändert sich jetzt.

Haus 2 – Abschnitt 70. bis Ende 76. Lebensjahr

Dieses Haus, vom Prinzip her dem Stier zugeordnet, ist jenes Lebensgebiet, das uns als Herdentier zeigt, als Wesen, das seine Geborgenheit und Sicherheit aus der Zugehörigkeit zur Herde bezieht. Und welcher »Herde« man in diesem Alter auch angehört – der familiären oder einer institutionellen –, man braucht diese Gemeinschaft. Dass nicht jeder Mensch

Etwa im Alter von 42 Jahren – Abschnitt sechstes Haus – tritt oft die so genannte Midlifecrisis auf. Astrologisch gesehen treffen hier die dritte Jupiter-Wiederkehr, die zweite Saturnopposition, die erste Uranus-Opposition und das Neptun-Quadrat aufeinander.

sie haben kann, steht allerdings auf einem anderen Blatt. Der berühmt-berüchtigte Altersstarrsinn gehört ebenfalls in dieses Haus: Es ist die jetzige Form der Abgrenzung.

Haus 1 – Abschnitt 77. bis Ende 83. Lebensjahr

Nun schließt sich der Kreis, und wir sind von der Thematik her im ersten Haus angelangt. Das heißt, dass wir uns jetzt im Allgemeinen nur mehr um uns selbst kümmern. Die eigenen Körperfunktionen und Befindlichkeiten haben große Wichtigkeit; man ist ganz bei sich selbst.

Der Aszendent (AC)

Nachdem wir uns mit den Häuserinhalten vertraut gemacht haben, wenden wir uns dem Aszendenten zu, dem Ausgangspunkt des Siebenjahres-Rhythmus. Wir können all unsere Anlagen nur so entwickeln, wie es der Aszendent will, denn er zeigt unsere Grundanlagen und hier im Besonderen die (unverfälschte) Anlage der ersten sieben Jahre unseres Lebens. Oft müssen wir einen weiten Weg gehen, um uns unseren Aszendenten in seiner besten Form wieder zurückzuholen und unsere Anlagen wirklich leben zu können. Ich habe die Beobachtung gemacht, dass bei vielen Menschen im Laufe ihres Lebens immer mehr der Aszendent zum Ausdruck kommt und man ihn mehr wahrnimmt als das Sonnenzeichen. Für mich hängt das eng mit der Wahrhaftigkeit zusammen, die ein Mensch zu leben vermag.

Die nachfolgende Typologisierung der einzelnen Aszendenten kann selbstverständlich nur dem **Prinzip** des Zeichens folgen! Jeder Planet, der am Aszendenten steht, oder jeder Aszendenten-Herrscher, der mit Aspekten verbunden ist, nimmt Einfluss auf das Prinzip.

Stellen Sie sich vor, alle Aszendenten stünden vor einer Mauer, die es zu überwinden gilt. Wie reagieren die einzelnen Aszendenten instinktiv, um dieses Bedürfnis durchzusetzen? Der Widder überlegt nicht lange: Er nimmt Anlauf, senkt den Kopf – und schon ist er durch.

Widder-Aszendent

Wenn keine anderen markanten Einflüsse vorhanden sind, hat der Widder-Aszendent meist eine athletische Konstitution. Er ist an seiner relativ niedrigen, schrägen Stirn und an seinem lebhaftforschen, manchmal sogar etwas harten Blick zu erkennen. Er hat eine sehr direkte Antriebskraft, kann sich für große Ziele und Pläne einsetzen und handelt schnell und aus vollem Herzen. Da ihm langwierige Ausführungen nicht liegen, schart er rechtzeitig ein paar Hilfswillige um sich. Ein Widder-Aszendent ist ein Draufgänger und Stehaufmännchen; er kann aber nicht nur gegen sich selbst ziemlich rücksichtslos sein. Für ihn gibt es nur Entweder-Oder, d.h. Sieg oder Zerstörung. Fehlen ihm wirkliche Ziele, dann schlägt seine Eigenschaft der Begeisterungsfähigkeit in Imponiergehabe und ungehobeltes Verhalten den Mitmenschen gegenüber um. Widder-Aszendenten haben häufig dominante Väter. Manchmal führt das dazu, dass sie den Vater unbewusst zu bestrafen versuchen, indem sie ihre Energie unterdrücken und lieber scheitern. Frauen mit Widder-Aszendent haben unter diesen Umständen oft eine große Wut auf Männer, weil sie unbewusst den Vater bekriegen. Der Widder-Aszendent hat eine starke Bindung an die Familie, kann das Familienleben aber manchmal aufgrund seiner Veranlagung nicht genießen.

Stier-Aszendent

Ein Stier-Aszendent beschenkt die Welt mit seinem warmen Blick aus großen, runden Augen. Er ist meist von schwerer, etwas untersetzter Gestalt, oft mit dem sprichwörtlichen Stiernacken und runden Schultern, vorausgesetzt es überwiegen keine anderen Einflüsse. Steht beispielsweise Saturn im ersten Haus, kann er trotz seines Stier-Aszendenten etwas streng und hager wirken.

Seine Wesensart hat etwas Schwermütiges, Melancholisches. Er ist eigentlich ein ruhiger, friedlicher Zeitgenosse, wenn da nicht seine Neigung zum plötzlichen Jähzorn wäre. Seine seelische Sicherheit bezieht er meist aus materiellen Gütern. Er ist ein sinnlicher Genießer, konsumiert aber manchmal zu viel des Guten. Von Haus aus ist er eher konservativ. Je mehr Bildung, Tradition und »Kultur« jemand vorweisen kann, desto größer sind die Chancen, von ihm anerkannt zu werden.

Ein Stier-Aszendent hält sich manchmal für etwas Besonderes, muss aber zu der Einmaligkeit, die er gern verkörpern möchte, erst finden. Er arbeitet gerne und hat meistens eine künstlerische Veranlagung. Wenn er

Der Stier sitzt lange vor der Mauer und brütet vor sich hin. Nach gründlicher Überlegung trifft er die schwer wiegende Entscheidung, besser doch auf dieser Seite zu bleiben.

aber nicht kreativ sein kann, passt er sich möglicherweise zu sehr an. Er verwirklicht sich oft über Familie und Heim und sieht den Sinn des Lebens in der Partnerschaft, wobei Partnerschaften oft von Machtkämpfen geprägt sind. Frauen mit Stier-Aszendent schlüpfen gern in die männliche Rolle, stellen sich aber als sehr weiblich dar.

Ein Stier-Aszendent kann die Dinge in Ruhe reifen lassen und liebt das Vertraute und Beständige. Allerdings hält er auch wider besseren Wissens mit aufreizender Trägheit an Gewohntem und Altem fest und wehrt sich gegen alles Neue. Manchmal hat er Angst, sich nicht durchsetzen zu können, weil er in seinem tiefsten Inneren weiß, dass er zwar stur, nicht aber immer wirklich tatkräftig ist. Jedoch – ganz Stier-Aszendent – nimmt er das auf seine Weise nicht wirklich schwer.

Zwilling-Aszendent

Äußerlich erkennt man den Zwilling-Aszendenten, wenn nicht andere einflussreiche Aspekte eine Rolle spielen, an seinem geschmeidigen, beweglichen Körper und seiner oft sogar schlacksigen Figur, die selten Fettansatz zeigt. Er hat ein schmales Gesicht, meist mit betonter Stirn, und schmale Hände, die immer in Bewegung sind.

Angelegt ist die Fähigkeit, sich mitzuteilen, er kommuniziert gern. Seine Domäne ist die schnelle Konversation, in der man sich die Bälle zuwirft. Er ist geistig beweglich und ziemlich intelligent, schätzt offene, weit gereiste Leute und eine liberale Lebensart, lässt aber keinen Zweifel aufkommen, dass er seine eigene Meinung für maßstäblich hält.

Seine eigene Darstellung, die er aus tiefstem Herzen genießt, ist lebendig, flink und beweglich, mit einem Anstrich von Warmherzigkeit, ein wenig Glanz und Glamour verbreitend. Schon die Möglichkeit einer Einschränkung seiner geistigen oder körperlichen Beweglichkeit flößt ihm Angst ein, denn damit wären alle anderen Wunder dieser Erde für ihn verschlossen. Er besitzt manchmal viel oberflächliches Wissen, und es kann sein, dass er flunkert, um Anerkennung zu bekommen. Auch Doppelzüngigkeit muss man ihm bisweilen vorwerfen. Er neigt zum Herrschaftsmenschen, der lieber dienen lässt als selbst dient. Ein Mensch mit Zwilling-Aszendent hat ein wenig Angst vor Sinnlichkeit, mit Gefühlen

Für den Zwilling ist die Mauer eine sportliche Herausforderung. Er misst mit seinen Augen kurz die Höhe der Mauer und übt sich so lange im Stabhochsprung, bis er die Hürde mit spielerischer Leichtigkeit schafft.

geht er nüchtern, analytisch und kritisch um und wird in der Partnerschaft innerlich unabhängig bleiben. Dieser ewige Wanderer verliert sich manchmal im Suchen und Finden und vergisst zuweilen, dass es so etwas wie eine Seele gibt, in die man ab und zu hineinschauen sollte.

Krebs-Aszendent

Wenn dieser Aszendent keine anderen markanten Aspekte aufweist, sind seine äußeren Merkmale meist ein rundes, offenes Gesicht und ein nicht besonders muskulöser, sondern eher weicher und rundlicher Körper.

Angelegt ist beim Krebs-Aszendenten die Fähigkeit zu besonderem seelischen Erleben; sein Wesen sucht die Begegnung, und er hat wie kein anderer die Liebe zum Du. Sein Ziel ist, seelische Geborgenheit zu finden. Er ist sehr einfühlsam, aber stimmungsabhängig. Kreativität ist für dieses oft musikalische Zeichen die beste Möglichkeit, seelische Stabilität zu finden. Streit ist ihm zuwider, er weiß aber auch, dass sein seelisches Gleichgewicht in Gefahr gerät, wenn er sich die für ihn wichtigen Dinge nicht erstreitet. Krebs-Aszendenten sind nicht sehr eindeutig, weder in ihrem Wesen noch in ihren Aussagen: Sie reden oft um den heißen Brei, werden häufig als unlogisch empfunden und leiden dann an der Verständnislosigkeit der Welt, denn sie haben den tiefen Wunsch, verstanden zu werden. Das ist auch der Grund, warum sie auf der Suche nach der erlösenden Religion mitunter bei irgendwelchen merkwürdigen Heiligen landen, die sie dann als »Guru« verehren. Dabei könnten sie im Grunde selbst sehr viel Weisheit entwickeln. Die Uneindeutigkeit äußert sich auch insofern, als Krebs-Aszendenten oft nicht wissen, ob sie nun unabhängig sein wollen oder nicht. Da Sexualität für sie einen sehr hohen Stellenwert besitzt, wird die Entscheidung noch schwerer.

Es kann sein, dass sich ein Krebs-Aszendent selbstlos gibt, weil er meint, Egoismus sei verboten, oder er greift nach Macht und Anerkennung und lässt keine Schwäche zu. Beides entspringt einem gewissen Minderwertigkeitskomplex. Glücklicherweise stellt sich der Krebs-Aszendent irgendwann die Frage nach dem Lebenssinn. Hat er diesen erkannt, entwickelt er viel Verständnis für andere, für sich selbst und seine Arbeit.

Der Krebs macht sich langsam daran, Steinchen für Steinchen aus der Mauer zu brechen, bis er durchschlüpfen kann. Man traut ihm das vielleicht nicht zu, aber wenn er einmal eine Herausforderung zwischen seine Scheren genommen hat...

Die Art des Krebs-Aszendenten, mit Begegnungen umzugehen, ist nicht immer einfach. Er übernimmt manchmal entweder zu viel von anderen oder vergreift sich an deren Identität. Als Druckmittel stehen ihm Gefühlstyrannei, Selbstmitleid und Melancholie zur Verfügung. Der Krebs-Aszendent wirkt verletzlich und romantisch, ist aber an innerer Stärke vielen überlegen. In der Maske kindlicher Unschuld – die nicht einmal gespielt ist – nähert er sich den Dingen offen und ohne Hintergedanken, ist aber unglaublich zäh und instinktsicher, wenn er einmal etwas ins Auge bzw. zwischen seine Scheren gefasst hat.

Löwe-Aszendent

Rein äußerlich kann man ihn, wenn keine anderen gravierenden Einflüsse dazukommen, an seiner sprichwörtlichen Löwenmähne und der kräftigen, aber elastischen Gestalt erkennen. Frauen sind oft üppige Schönheiten; bei Männern ist die Augenbrauenpartie hervorgehoben, oder die Brauen werden in späteren Jahren buschig. Löwe-Aszendenten gehen meist sehr interessiert auf andere zu, haben viele Kontakte und pflegen diese auch, reden und diskutieren gern, aber ob sie wirklich so liebenswürdig und verständnisvoll sind, wie sie sich geben, hängt sehr davon ob, wie weit ihre Gefühle daran beteiligt sind. Das allerdings weiß mancher Löwe-Aszendent oft selbst nicht so genau und muss es erst herausfinden. Diese Mühe macht er sich im Allgemeinen nur dann, wenn ihn das Schicksal dazu zwingt. Der Löwe-Aszendent ist meist ein »Macher«, der sein Leben tatkräftig angeht und hervorragend organisiert. Es kann aber sein, dass er des Guten zu viel tut, sein Leben im wahrsten Sinn des Wortes verplant und damit seine Lebendigkeit und Herzlichkeit erstickt. Dadurch wird sein Verhalten etwas »kopfig«. Wenn er lernt, den eigenen Gefühlen zu trauen, bringt ihn das ein ganzes Stück weiter. Wichtig ist auch, dass er seine Sensibilität, die fast schon an Hellsichtigkeit grenzt, nicht nur dazu verwendet, um Menschen und Situationen einzuschätzen, sondern um seine eigenen Seelen- und Gefühlstiefen auszuloten.

Ein Löwe-Aszendent fühlt sich mächtig, wird aber unter Umständen zum Familienpatriarchen bzw. zur »italienischen Mama«, wenn er diese

Der Löwe sieht die Mauer und engagiert sofort das beste Abbruchunternehmen. Allerdings schlägt er mit seinem Sinn für Dramatik das erste Loch selbst in die Wand. Dafür erwartet er dann selbstverständlich Applaus!

Macht nicht konstruktiv ausleben kann. Er ist imstande, hart zu arbeiten, verlangt das aber auch von anderen. Besitz und Reichtum sind ihm wichtig, aber nicht als Absicherung, sondern um dafür gesellschaftlich anerkannt zu werden. Wenn ein Löwe-Aszendent aber herausgefunden hat, dass man das Leben genießen kann, verliert er seine Unerbittlichkeit.

Von der Wesensart her ist er herzlich, lebendig und optimistisch, wenngleich natürlich keine Diskussion darüber zu führen ist, wer den Ton angibt. Im Grunde ist er der geborene Entertainer, der sich im Allgemeinen gerne darstellt und applaudierendes Publikum liebt. Dies verschafft ihm eine gewisse Distanz, die er braucht.

Jungfrau-Aszendent

Menschen mit Jungfrau-Aszendent haben, sofern nicht eine andere Konstellation stärker ist, meist einen gut proportionierten, schlanken, fast drahtigen Körper. Ihr Gesicht ist meist oval und gut geformt, mit einer nicht besonders ausgeprägten Kinnpartie. Männer haben oft eine Neigung zu Geheimratsecken.

Wenn ein Jungfrau-Aszendent bestimmte Lebensumstände vorfindet, wird er nicht versuchen, die Umstände zu ändern, sondern sich selbst. Das bedeutet, er wird sich anpassen, denn er hat die Fähigkeit, sich flexibel auf Veränderungen einzustellen und das Beste aus den Gegebenheiten zu machen. Mit seiner Vernunft schaut er der Realität ins Auge, umsichtig und mit Vorsicht, denn er ist ein guter Beobachter. Und da er Überraschungen nicht liebt, braucht er diese Fähigkeit.

Menschen mit Jungfrau-Aszendent fragen oft nach Profit und Verwertbarkeit, können blitzschnell analysieren und Brauchbares von Unbrauchbarem trennen. Sie ziehen dadurch aus vielem Nutzen, den andere auf den ersten Blick gar nicht sehen. Die Kehrseite ist, dass sie sich auch be- und ausnutzen lassen. Er handelt oft nach dem Motto: Edel sei der Mensch, hilfreich und gut. Wenn er aber ganz tief in sein Inneres schaut, kann er erkennen, dass er hilft, weil er selbst oft so hilflos ist. Ein Jungfrau-Aszendent hält sich im Hintergrund, aber nicht, weil er das Rampenlicht ablehnt, sondern weil er denkt, dass ein anderer, dem er sich einfach nicht gewachsen fühlt, stärker sein könnte als er. Er misst

> **Die Jungfrau vermisst die Mauer und fertigt erst einmal einen Übersteigungsplan mit vier Durchschlägen an. Dass sie noch immer an dem Plan herumtüftelt, wenn alle anderen schon längst weg sind, muss nicht erwähnt werden.**

sich nicht gern mit anderen, denn er weiß, dass er im Ernstfall kein guter Verlierer wäre. Manchmal klagt er darüber, dass er immer für alle anderen da sein muss. Wenn man ihn aber fragt, was er selbst eigentlich will, weiß er es oft nicht. Leider merkt der Jungfrau-Aszendent oft erst ziemlich spät, dass es auch berechtigte Bedürfnisse nach den vielfältigsten Genüssen gibt, und dass unangepasste Gefühle genauso wichtig sind wie freie Gedanken.

Waage-Aszendent

Wenn keine anderen starken Einflüsse vorhanden sind, hat ein Waage-Aszendent meist eine ausgeglichene, gut proportionierte, elegante Gestalt, neigt jedoch oft zu einer rundlichen Figur. Gesellig und heiter, gelegentlich etwas lässig, ein wenig eitel und beifallsüchtig, aber auch Beifall gebend, geht der Waage-Aszendent durchs Leben, immer auf der Suche nach dem spiegelnden Du, das er braucht wie kein anderes Zeichen – aber nicht aus Liebe zum anderen, sondern um sich selbst zu entdecken. Bei ihm ist meist mehr Liebenswürdigkeit als Emotion vorhanden, und er ist weit unabhängiger und grenzt sich stärker ab, als er zeigt. Seine Anpassung ist nur äußerlicher Natur und hat mit seiner Sucht nach Harmonie zu tun, innerlich aber bleibt er eher distanziert. Sein Bestreben nach ständigem Ausgleich kann sogar zu Gleichgültigkeit führen. Er zeigt dann ein freundliches Desinteresse – und keiner merkt es. Doch genau dieses ausgeprägte Bedürfnis nach Harmonie macht ihn so anziehend, und seine verfeinerte Genussliebe, die kultivierte Sinnlichkeit und sein Auge für Ästhetik machen ihn zu einem angenehmen Gegenüber. Allerdings überlässt er die Widrigkeiten des Lebens gern den anderen, im Zweifelsfall seinem Partner.

Womit man bei all seiner Liebenswürdigkeit nicht rechnet: Unter den Waage-Aszendenten sind die berühmten »Geizkragen« zu finden, die andere ihre Macht durch Besitz spüren lassen – selbst wenn es nicht ihr eigener sein sollte. Die guten Umgangsformen und das diplomatische Geschick – ihre positivsten Eigenschaften – werden manchmal berechnend eingesetzt. Der Waage-Aszendent wird immer mit subtilen Mitteln arbeiten, alles Offensichtliche ist ihm zu vulgär. Das ständige Betrachten

Die Waage lagert in hingebungsvoller Pose an der Mauer, drapiert die Kleider wirkungsvoll um sich, setzt ihr verführerischstes Lächeln auf und sucht sich jemanden, der sie auf Händen über die Mauer trägt.

einer Situation von allen Seiten kann einen Waage-Aszendent zur Nervenprobe für andere machen, weil er sich nicht entscheiden kann. Ein Waage-Aszendent wird zwar berücksichtigen, dass die Interessen des anderen mit einbezogen werden, aber es ist ihm schon am liebsten, wenn diese mit seinen übereinstimmen; dann wäre die Harmonie vollkommen. Ein Waage-Aszendent identifiziert sich stark mit seiner Familie und ist sehr verantwortungsvoll. Dies kann in Überfürsorglichkeit ausarten, und man findet hier die sprichwörtlichen »Glucken«. Waage-Aszendenten geben sich nicht nur gebildet, sie sind es meist auch, denn eine gute Ausbildung sehen sie als unentbehrliche Grundlage für den Beruf an.

Skorpion-Aszendent

Das Auffälligste am Skorpion-Aszendenten, wenn nicht andere Einflüsse vorherrschen, sind seine markanten Gesichtszüge und seine durchdringenden, forschenden Augen mit dem stechenden Blick. Ob man einen Skorpion-Aszendenten mag oder nicht – übersehen oder unparteiisch betrachten kann man ihn nicht. Auch er empfindet starke Sympathien bzw. starke Antipathien und ist nicht imstande, andere Menschen »wertfrei« zu sehen. Die Liebe eines Skorpion-Aszendenten ist leidenschaftlich, grenzenlos und tief – sein Hass allerdings auch, wenngleich er seine Gefühle oft hinter einem »Pokergesicht« versteckt. Wenn er sich von einer Sache eine Vorstellung gemacht hat, kann er nicht begreifen, wieso ein anderer dieselbe Sache ganz anders sieht. Seine starken Suggestivkräfte helfen ihm dabei, andere Menschen von seiner Sichtweise zu überzeugen. Er lebt oft in einem Konglomerat aus Abhängigkeiten, bindet andere an sich und ist selbst auf andere fixiert. Im Grunde kann diesen undurchschaubaren Kreislauf von Macht, Ohnmacht und Manipulationen nur ein sehr reifer Skorpion-Aszendent durchbrechen, der es sich zur Aufgabe gemacht hat, als Erstes einmal Macht über sich selbst zu bekommen.

Der Skorpion-Aszendent kann im Grunde nur solche Menschen wirklich ernst nehmen, die er nicht vereinnahmen kann. Ganz besonders gilt dies für den Partner. Er verachtet Schwäche, am allermeisten bei sich selbst. In Grenzsituationen zeigt sich seine enorme Regenerationskraft, die er

> **Der Skorpion kann sich zuerst einmal überhaupt nicht vorstellen, dass diese Mauer es wagt, ausgerechnet auf dem Weg zu stehen, den er nehmen will. Er starrt so lange wütend auf die Mauer, bis sie in sich zusammenfällt.**

immer wieder heraufbeschwört, damit er seine starken Energien ausleben kann. Er kann gar nicht anders, als mit seiner ganzen Leidenschaft und Heftigkeit zu fordern und herauszufordern. Er ist süchtig nach Leben und Sexualität. Erst wenn er – als Ausgleich zu dieser extremen Haltung – sein starkes Triebleben kultiviert hat, kann er seine Kräfte konstruktiv gebrauchen. Er ist fähig zu tiefsten Einsichten, und auch seine therapeutischen Fähigkeiten vermag er heilend einzusetzen.

Schütze-Aszendent

Der Schütze philosophiert angesichts der Mauer zuerst mit den anderen Göttern über die Vielfalt der Möglichkeiten – ein solches Symposium braucht allerdings seine Zeit, zumal es von ein paar kleineren Gelagen unterbrochen wird.

Äußerlich sind Schütze-Aszendenten, wenn kein anderer prägender Einfluss vorliegt, an ihrem kraftvoll, manchmal etwas breit gebauten Körper zu erkennen. Sie haben eine hohe Stirn und oft schöne Gesichtszüge.

Dieser Aszendent wird immer nach Höherem streben, egal ob es sich um Ideale, Religion, Bildung oder um seine Stellung in Beruf und Gesellschaft handelt. An Sportarten und Vergnügungen werden ebenfalls eher »noble« Vorlieben gezeigt. Er fühlt sich anderen meistens turmhoch überlegen, sowohl hinsichtlich seines Wissens als auch seiner geistigen Fähigkeiten. Ein Schütze-Aszendent-Schüler kann sich darüber wundern, wieso sein Lehrer den Stoff auch beherrscht. Er meint grundsätzlich, den absoluten »Durchblick« zu haben; bei einem sehr reifen, entwickelten Schütze-Aszendenten kann dies tatsächlich der Fall sein. Er bemüht sich, die »richtige« Religion oder die »richtige« Wissenschaft zu finden, was aber auch bedeuten kann, dass in seinen Augen alles, was er nicht denkt, falsch ist. Dann verwechselt er sein Bild von den Dingen mit der Realität. Andererseits verbreitet er viel Optimismus durch seinen Idealismus, seine Überschwänglichkeit und seine Begeisterungsfähigkeit. Er kann viel Wärme ausstrahlen und Geborgenheit und Verständnis vermitteln. Auch strebt er nach Erkenntnissen in größeren Zusammenhängen. Wenn ein Schütze-Aszendent etwas anpackt, dann kurzentschlossen; wenn er kämpfen muss – was er gar nicht ungern tut, solange er die sportliche Note daran sehen kann –, dann tut er dies sehr kreativ. Er liebt kommunikationsfreudige Menschen und ist viel mit anderen zusammen, aber eine feste Bindung schiebt er weit hinaus.

Zielstrebig: Steinbock

Der Schütze-Aszendent meint manchmal, nicht für sich selbst, sondern für andere arbeiten zu müssen, oft gibt er sogar seine Freiheit hin für den Nächsten, erwartet dafür aber im Gegenzug überdurchschnittlich viel Anerkennung. Die andere Seite der Medaille ist sein Gerechtigkeitssinn, den er mit dem ihm eigenen glühenden Glauben verteidigt.

Steinbock-Aszendent

Wenn nicht andere Einflüsse überwiegen, erkennt man ihn oft an seiner hageren, asketisch anmutenden Gestalt mit einer sehr geraden Haltung. Er hat ein eckiges Gesicht und einen ernsten, melancholischen Gesichtsausdruck. Steinbock-Aszendenten wirken in der Jugend sehr erwachsen und werden sozusagen mit zunehmendem Alter immer jünger.

Ein Steinbock-Aszendent hat eine Fähigkeit, um die ihn andere ihr Leben lang beneiden: sein Leben zu strukturieren und zu planen – sorgfältig und vorsichtig, mit Methode und Logik. Hat er dann einmal seine Ziele abgesteckt, arbeitet er zäh und mit Energie. Er würde nie unkorrekt handeln, aber sein Ehrgeiz, den man bei ihm gar nicht vermuten würde, lässt ihn schon mal seine Ellbogen und auch seine Mitmenschen benutzen. Er ist ein »Alles-Selbermacher«, und weil er selbst diszipliniert und kontrolliert lebt, achtet er darauf, dass auch andere Menschen ihre – oft nur vermeintlichen – Grenzen nicht überschreiten. Natürlich tun sie es dennoch, was manchen Steinbock-Aszendenten griesgrämig werden lässt. Er ist ohnehin der Meinung, dass ihm im Leben nichts geschenkt wird und das Leben eine einzige Verpflichtung ist. Nur was er sich selbst unter Anstrengung und Disziplin erworben hat, hält er für wertvoll. Am Überwinden von Hindernissen und Schwierigkeiten hat er seine größte Freude: Je schwerer ein Ziel zu erreichen ist, desto reizvoller erscheint es ihm. Für solch opferbereite Zielstrebigkeit möchte er aber die ihm seiner Meinung nach zustehende Anerkennung ernten. Für einen Steinbock-Aszendenten haben Kultur, Eleganz und Stil, Kunst und Schönheit nur einen Sinn, wenn man sie öffentlich zeigen kann. Übersetzt könnte man sagen: Er kauft ein Bild, um es auszustellen. Das meint er zu brauchen, weil er sich selbst nicht so präsentieren kann, wie er eigentlich will.

Der Steinbock inspiziert die Mauer von allen Seiten und fragt danach beim Landratsamt nach, ob diese Sache auch rechtens sei oder ob man denn nicht eine gesetzliche Handhabe gegen diese Mauer habe.

Der Steinbock-Aszendent behandelt andere gerne als Unmündige, allerdings muss man ihm zugestehen, dass er ein guter Lehrer sein kann. Er versteht es, Ordnung in jedes Chaos zu bringen. Was man gerne übersieht, ist, dass sich der Steinbock-Aszendent in der Partnerschaft gern bemuttern lässt und auch den anderen gefühlsmäßig versorgen kann; dazu gehört allerdings eine gewisse Reife. Frauen mit Steinbock-Aszendent wählen machtvolle Partner. Wenn ein Steinbock-Aszendent einmal anfängt, sich nach dem Sinn seines Schicksals zu fragen, wenn er es lernt, »Fünf gerade sein zu lassen«, wenn es ihm einmal nicht mehr um Anerkennung, sondern um den »Spaß an der Freude« geht, dann hat er das Kind in sich geweckt, das den Panzer zum Schmelzen bringen kann.

Wassermann-Aszendent

Wenn keine anderen Planeten starken Einfluss nehmen, ist er vom Typ her dem Löwen ähnlich, nur nicht so kraftvoll, und hat meist ein etwas »kühleres« Erscheinungsbild.

Seinem Wesen nach ist er eigenwillig bis exzentrisch, distanziert bis unberührbar und zeigt eine unverbindliche Art, hinter der ein ausgeprägter Wunsch nach Unabhängigkeit steckt. Er sieht anderen Menschen interessiert bei ihrem emotionalen Treiben zu und wundert sich manchmal leise, wie man sich so abmühen kann. Für überschwängliche Gefühlsäußerungen hat er nichts übrig, sondern er ist sachlich und »objektiv«, selbst wenn er innerlich aufgewühlter ist, als er denkt. Hinter dieser distanzierten Fassade ahnt man oft das hintergründige Wesen, das nur die großen Zusammenhänge vor Augen hat. Er stellt Werte infrage, ohne lange zu zögern, und setzt sich mitunter über Spielregeln hinweg. Durch diesen Wesenszug kann er auch leicht aus der Bahn geworfen werden.

Wassermann-Aszendenten haben oft einen guten »Riecher« für Trends. Diesen können sie aber erst dann nutzen, wenn sie ihre Neigung zu Illusionen aufgeben und ihre Vorhaben auf sichere Beine stellen, denn Weltfremdheit, gepaart mit der Tendenz, die Zielrichtungen rasch zu wechseln, kann aus dem erfolgreichen Trendsetter rasch einen schrulligen Außenseiter machen. Dass er überheblich wirkt, liegt möglicherweise an seinem besonderen intellektuellen Anspruch. Er ist geistig rege

Der Wassermann nimmt von der Mauer – wie von vielen anderen profanen irdischen Dingen – nur geringe Notiz. Er mietet einfach ein Flugzeug und vergisst die Mauer.

und hat eine schnelle Auffassungsgabe. Hinsichtlich Vergnügungen ist er anspruchsvoll und wird einer Sache schnell überdrüssig, fühlt sich rasch gelangweilt. Das kann sich auch auf den Sex(-partner) beziehen. Er glaubt manchmal, sich nur mit originellen Ideen durchsetzen zu können, und ist der Meinung, alle Originalität käme nur aus dem Kopf. Dass dem nicht so ist, erfährt er erst, wenn er sich seiner – eigentlich von Haus aus vorhandenen – Intuition überlässt. Der Wassermann-Aszendent fühlt sich zu angesehenen und einflussreichen Menschen hingezogen und hat kein Herz für Verlierer. Er begreift sich nicht nur als Individuum, sondern auch in der Gruppe als jemand Besonderes.

Wenn Wassermann-Aszendenten sich zu sehr in die Pflicht nehmen lassen, rebellieren sie gegen jede Ordnung – auch gegen sinnvolle Regeln – und sabotieren und manipulieren Vereinbarungen, auch gesellschaftliche. So kann beispielsweise aus einem Rechtsanwalt ein »Rechtsverdreher« werden, also jemand, der das Recht manipuliert. Der Wassermann-Aszendent kann sich am besten über die Begegnung kennen lernen, da ihn Begegnungen mit anderen Menschen seine eigene Lebendigkeit spüren lassen. Er wird im Lauf seines Lebens feststellen, dass es darum geht, die Menschen, die auf ihn zukommen, wirklich zu beachten. In einer festen Beziehung wird er aufgefordert, sich anzupassen, und fühlt sich schuldig, wenn er diese Verpflichtung ablehnt. Gerade für das freie Wesen eines Wassermann-Aszendenten sind jedoch Vernunft und Anpassung weniger bekömmlich, als er annimmt. Bevor er Verpflichtungen eingeht, sollte er sich deshalb die Konsequenzen überlegen und den Mut finden, sie abzulehnen, wenn sie ihn zu sehr einengen.

Fische-Aszendent

Dieser Mensch ist – wenn nicht andere starke Einflüsse überwiegen – an seiner feingliedrigen, hochgewachsenen Gestalt zu erkennen, seinen weichen, oft etwas unscharfen Gesichtszügen, den manchmal schräg stehenden Augen und dem romantisch-verträumten Blick.

Es ist schwer, sich einem Fische-Aszendenten, der sein ganzes Leben über etwas Kindliches bewahrt, zu entziehen: Seine mimosenhafte Empfindsam- und Empfindlichkeit, seine Beeindruckbarkeit, sein Edelmut,

Der Fisch schließlich sitzt leise weinend an der Mauer, bis ein Prinz kommt, der die Mauer wegküsst – oder er träumt weiter von einer anderen Möglichkeit...

sein Phantasiereichtum und seine entgegenkommende Art wirken bezaubernd. Ein solches Wesen weckt Beschützerinstinkte, und einen Beschützer braucht der Fische-Aszendent auch. Er hat zwar ein grenzenloses Vertrauen darauf, dass alles irgendwie werden wird, sehnt sich aber dennoch nach einem Partner, der für ihn den lästigen Lebensalltag regelt und Entscheidungen trifft, damit er in seiner Traumwelt bleiben kann. Er fühlt sich oft desorientiert, und wenn er in sich hineinhört, dann lauern tief innen Gefühlschaos und Ängste. Deswegen sieht er sicherheitshalber nicht so genau hin und flieht in seine vernebelte Traumwelt.

Es gibt aber auch Fische-Aszendenten, die in der Welt ihre Traumwelt finden. Sie haben häufig zahlreiche Verbindungen und verfügen meist über eine künstlerische Ader, die sie oft auch zum Beruf machen. Entweder wenden sie sich der Musik zu, oder sie leben ihren Hang zu dramatischen Rollen in der Schauspielerei aus. Da der Fische-Aszendent Schwierigkeiten hat, sich mit seinen eigenen tiefen Gefühlen und seiner Individualität auseinander zu setzen, setzt er sich oft lieber für andere ein: als ein Heiler und Retter beispielsweise, der alle Leiden dieser Welt auf seinen Schultern trägt, selbstlos bis zur Selbstaufgabe, oder als »Mutter der Kompanie«, tonangebend und bestimmend. Auch als Zuhörer sind Fische-Aszendenten sehr gefragt, da sie Stimmungen und Gefühle anderer Menschen nachempfinden können wie kein anderer.

Ein Fische-Aszendent fühlt sich zur Nächstenliebe verpflichtet und möchte genau dafür auch in der Gesellschaft anerkannt werden. Er strebt – bei aller wohlwollender Berücksichtigung fremder Interessen – nach sozialem Aufstieg, daher sind berufliche Höhenflüge bei ihm keine Seltenheit. Allerdings machen ihn die tiefen Gefühle und die Schwierigkeit, sich gegen andere Menschen abzugrenzen, gerade im beruflichen Bereich ausnutzbar. Dazu kommt, dass er zwar gerne selbstständig, aber in untergebener Stellung arbeitet und sich so von anderen abhängig macht. Seine Aufgabe ist, zwischen Hingabe und Selbstaufgabe unterscheiden zu lernen, auch muss er sich sein Recht auf Freiheit bewusst machen. Dann ist er auch nicht mehr so stark an bestimmte Meinungen und vor allem Ideale gebunden, die niemand, auch er selbst nicht, je erfüllen kann.

Der Aszendent zeigt uns, auf welche Art und Weise wir – unabhängig von Gefühl und Verstand – instinktiv auf unsere Umwelt zugehen.

Zeichenqualitäten

Nachdem wir jetzt die Häuserthemen und Aszendentenanlagen kennen, sehen wir uns nun an, welche Qualitäten die einzelnen Zeichen an den Häuserspitzen entwickeln können.

Fische-Qualität

Unter diesem Herrscher kann in den sieben Jahren vieles geschehen. Da man aus der Widder-Periode kommt, kann dies eine Zeit großer Verunsicherung sein – man hat nach den kraftvollen Jahren seine Orientierung verloren. Dies kann damit einhergehen, dass man nicht mehr weiterkommt, weil verschiedene Mechanismen nicht mehr greifen. Wen wundert es da, wenn manch einer erst einmal seinen Kummer »hinunterspült«, ehe er versteht, dass es darum geht, die Dinge hinter den Dingen zu sehen und zu lernen, die Welt auf andere Weise zu begreifen als bisher.

Wassermann-Qualität

Zeitabschnitte im Zeichen des Wassermanns bringen immer Unruhe mit sich, denn jetzt werden hinderliche alte Strukturen aufgebrochen. Diese Periode bedeutet häufig, wenn sie sehr früh erlebt wird, eine Entwicklung, die nicht ungestört abläuft. In späteren Lebensphasen können solche Perioden plötzliche Brüche im Leben oder eine völlige Neuorientierung bedeuten, verbunden mit Wohnungs- oder Ortswechsel und häufig bedingt durch einen Gesinnungswandel, ein neues Freiheits- und Unabhängigkeitsbedürfnis oder das Umsetzen neuer Ideen.

Steinbock-Qualität

Diese Zeit birgt verschiedene Qualitäten in sich, je nachdem, wie man Steinbock und Saturn bisher gelebt hat. Sie kann sowohl Reduktion auf das Notwendige bedeuten und wie ein einengendes Korsett empfunden werden als auch Halt geben und den Sinn einer Lebensordnung erschließen. Mancher erlebt diese Zeit als Gipfel der Anerkennung, für einen anderen bedeutet sie, dass er seine Maßstäbe und Werte findet.

Hier werden keine vollständigen Deutungen angeboten, vielmehr sollen die nachfolgend skizzierten Zeichen kreative Anregung sein und als erläuternde Beispiele dienen.

Während ein Stier-Aszendent unter der Schütze-Qualität beispielsweise arbeitet wie ein Besessener und viele materielle Güter anschafft, kann die gleiche Zeit für einen Fische-Aszendenten berufliche Förderung und Erfolg bringen.

Schütze-Qualität

Die Schütze-Periode bringt meistens eine Erweiterung, entweder der Einsichten, Bildung und Freunde oder der Finanzen, je nachdem, welche Thematik in diese Periode fällt. Aber dies kann je nach Aszendent und dessen Schattenseiten zu Übertreibungen führen, zu Wucherung statt zu Expansion.

Skorpion-Qualität

Dieser Siebenjahres-Abschnitt geht ganz bestimmt nicht unbemerkt vorbei! Denn ganz gleich, in welchem Alter man ihn erlebt, wird es einen Wandel geben. Selbst wenn ein Skorpion-Aszendent mit völliger geistiger Unbeweglichkeit darauf reagiert, ist er aufgrund seiner eindrücklichen Erfahrungen seit frühester Kindheit mit solchen Wandlungsprozessen bestens vertraut. Begegnet andererseits beispielsweise ein Zwilling-Aszendent diesem Zeitabschnitt, kann dies für ihn einen tief greifenden Wandel bedeuten, der ihn völlig unvorbereitet und heftig trifft.

Waage-Qualität

In dieser Periode geht es um Beziehungen jeder Art, um die soziale Stellung in der Gesellschaft, aber auch um das Verhältnis zu Kunst und Schönheit. Während dieser Zeit kann sich der persönliche Geschmack verändern, was beispielsweise bei einem Fische-Aszendenten sicherlich andere Auswirkungen haben wird als etwa bei einem Zwilling-Aszendenten. Und hat ein Steinbock vielleicht bis dahin gedacht, der Mensch sei ein Einzelkämpfer, wird er unter der Herrschaft der Waage jetzt vielleicht eines Besseren belehrt.

Jungfrau-Qualität

Dieser Abschnitt im Zeichen der Jungfrau bringt meistens die Notwendigkeit einer Anpassung mit sich. Hier wird geprüft, was der Wirklichkeit standhält, egal ob es sich dabei um Beziehungen oder um berufliche Pläne handelt. Einem vielleicht verwöhnten Kind mit Schütze-Aszendent bläst dann der raue Wind der Realität ins Gesicht, ein Wassermann-

Aszendent muss möglicherweise von unrealistischen Plänen Abschied nehmen, und ein Widder-Aszendent muss sich mit für ihn lästigen Fragen der Gesundheit beschäftigen.

Löwe-Qualität

Während der sieben Jahre, die wir durch den Löwen wandern, sind wir aufgefordert, unser Wollen zum Ausdruck zu bringen und unsere Handlungsfähigkeit zu entwickeln und zu stärken. Zu diesem Zeitpunkt – außer wir erleben diese Phase in früher Jugend – sollte man bereits Bescheid darüber wissen, was man verwirklichen will. Wenn die Dinge nicht wirklich zu uns gehören, ermüden uns die Aktivitäten, denn dann sind sie anstrengend und nicht beflügelnd und spielerisch, was eigentlich ein Kennzeichen dieser Zeit sein sollte.

Krebs-Qualität

Während dieser Periode kommt es häufig zur Bildung einer Familie, zur Besinnung auf Natur und Natürliches. In sehr frühen Jahren erlebt, kann dies eine seelisch geborgene Kindheit bedeuten, beispielsweise bei einem

Während ein Schütze-Aszendent die Löwe-Qualität am besten nutzen kann, indem er sich weder selbst aufplustert noch andere auf den Sockel stellt und einfach »sein Ding durchzieht«, wird ein Steinbock-Aszendent vielleicht endlich aus dem Schatten seines Vaters treten.

Die sieben Jahre, die wir durch den Krebs wandern, haben viel mit Besinnung auf die Natur und auf Ursprüngliches zu tun.

Kind mit Löwe-Aszendent. Sehr spät erlebt, z. B. bei einem Steinbock-Aszendenten, wird man vielleicht dazu aufgefordert, seelische Innenschau zu halten, sich seiner echten emotionalen Bedürfnisse und alten Verhaltensweisen bewusst zu werden und die bisherigen »Gefühlspanzer« aufzubrechen.

Zwilling-Qualität

Ein solcher Zeitabschnitt bringt mehr Beweglichkeit und Schwung ins Leben, das Bedürfnis nach Kommunikation und Austausch steigt, meistens auch die Lernbereitschaft, und mancher entdeckt jetzt seine handwerkliche Seite. So kann ein Waage-Aszendent seine sinnliche Wahrnehmung der Dinge in einen handwerklich-kreativen Beruf umwandeln, oder ein Skorpion-Aszendent entdeckt in dieser Periode die »Leichtigkeit des Seins«.

Stier-Qualität

Diese Periode bringt eine Portion Sesshaftigkeit mit sich, man hat vielleicht das Verlangen nach Ruhe und Gemütlichkeit, schafft beständige Werte und strebt nach Sicherheit. Bei einem Zwilling-Aszendenten könnte man sich dann beispielsweise darüber wundern, wieso dieses quirlige Kind plötzlich einen Sicherheitsring aus Freunden um sich bildet. Oder ein Schütze-Aszendent, der ständig in der ganzen Welt unterwegs war, stellt nahezu über Nacht das Reisen ein und wird auf einmal zum »Nesthocker«.

Widder-Qualität

Zeitabschnitte unter der Herrschaft des Widders geben den folgenden sieben Jahren Auftrieb und Antrieb und stärken die Durchsetzungskraft. Handelt es sich beispielsweise um einen Jungfrau-Aszendenten, kann ihn diese Unterstützung – auf welchem Lebensgebiet und zu welchem Zeitpunkt auch immer – vorwärts bringen. Bei einem Löwe-Aszendent dagegen kann dies eine Zeit anzeigen, in der er sich rücksichtslos gegenüber seinen Mitmenschen durchsetzt und nur noch die eigenen Interessen im Auge hat.

Für den Wassermann-AC kann die Krebs-Periode kraftvollen Selbstausdruck und kreativste Produktivität bedeuten, in der darauf folgenden Zwillings-Phase wird er dann wahrscheinlich die (materiellen) Früchte ernten.

Auslösungen

Wie in der Einführung erwähnt, haben nicht nur Zeichen und Häuser für den Siebenjahres-Rhythmus eine Bedeutung, sondern auch die Planeten, die sich »auslösen«, wie es in der astrologischen Sprache heißt.

Indirekte und direkte Auslösungen

Die »Ereignisse«, von denen bereits in der Einführung die Rede war (siehe Seite 48), werden von den Planetenkräften ausgelöst. Sie markieren auf unserer Wanderung durch das Horoskop einen bestimmten Zeitpunkt und lösen sich auf unterschiedliche Art aus:

- Zum einen indirekt alle sieben Jahre zum gleichen Zeitpunkt, aber mit unterschiedlicher Wirkung. Indirekte Auslösungen spüren wir nur dann, wenn die durch den Planeten repräsentierte Symbolik ein Thema für uns ist.
- Zum anderen arbeiten wir mit den direkten Auslösungen, die folgendermaßen zustande kommen: Wir beginnen unsere Wanderung am Aszendenten und legen in jeweils sieben Jahren die Wegstrecke eines Hauses (oder Lebensgebietes) zurück, wobei jede weitere Häuserspitze den Beginn einer weiteren Siebenjahres-Periode markiert. Auf dieser Wanderung begegnen wir von Zeit zu Zeit unseren Planeten sozusagen persönlich, so wie diese eben im Horoskop verteilt sind. Diesen Zeitpunkt nennt man dann die direkte Ereignisauslösung. Aber auch hier gilt: Manchmal bemerken wir dieses Ereignis kaum, und manchmal meldet sich die Auslösung vehement in unserem Leben zu Wort.

Kommen wir nochmals auf unser Beispielhoroskop (siehe Seite 50) zurück. Bei Anna manifestierte sich beispielsweise Pluto in der Weise, dass sie alle sieben Jahre zur Zeit der indirekten Auslösung einen mächtigen und einflussreichen Mann kennen lernte. Zum Zeitpunkt der direkten Auslösung nach dem 42. Lebensjahr wurde sie geballt mit fremder Macht konfrontiert – diesmal im Arbeitsleben, denn zwischen dem 42. und 49. Lebensjahr bewegen wir uns im sechsten Haus – und konnte sich aus diesen Verhältnissen erst mit Beginn des nächsten Sieben-

Anhand der aufgeführten Zahlen in Annas Horoskop können wir sehen, wann sich die Planetenkräfte auslösen: die Sonne immer nach 3,52 Jahren (mit 10,53 Jahren, 17,53 Jahren usw.), der Mond immer nach 4,64 Jahren (mit 11,64 Jahren, 18,64 Jahren usw.).

Auslösungen von Herrscherplaneten zeigen sich so, dass das angesprochene Thema der herrschenden Periode zu dieser Zeit kulminiert und sich häufig in einem Ereignis manifestiert.

jahres-Rhythmus lösen. Pluto verlangt bekanntlich Wandlung, und ohne diese geballte Ladung fremder Macht, ohne diese Ohnmachtsgefühle wäre Anna niemals bereit gewesen, die Aufforderung zur Wandlung zu verstehen. Bei der nächsten (indirekten) Pluto-Auslösung nach dem 49. Lebensjahr holte sie sich diese Kraft für sich selbst. Sie gewann nun Macht über sich selbst und bestimmte ihre Handlungen, d. h., sie entwarf ein neues Lebenskonzept nach ihren eigenen Vorstellungen.

Auslösung des Herrscherplaneten

Die Auslösung einer Planetenkraft bekommt noch in einem anderen Zusammenhang eine Bedeutung, und zwar dann, wenn es sich um den Planeten handelt, der seinerseits den jeweiligen Siebenjahres-Herrscher beherrscht, oder anders ausgedrückt, der Planet, der dem jeweiligen Siebenjahres-Herrscher zugeordnet ist. Hier zur Erinnerung nochmals die Zuordnung der Planeten zu den Zeichen:

Zeichen	Symbol	Planet	Symbol
Widder	♈	Mars	♂
Stier	♉	Venus	♀
Zwillinge	♊	Merkur	☿
Krebs	♋	Mond	☽
Löwe	♌	Sonne	☉
Jungfrau	♍	Merkur	☿
Waage	♎	Venus	♀
Skorpion	♏	Pluto	♇
Schütze	♐	Jupiter	♃
Steinbock	♑	Saturn	♄
Wassermann	♒	Uranus	♅
Fische	♓	Neptun	♆

Zur Erläuterung ein Beispiel: Wenn der Siebenjahres-Herrscher der Schütze ist, so ist der Zeitpunkt, zu dem sich Jupiter auslöst, von besonderer Wichtigkeit, denn dann kulminiert das Thema dieser sieben Jahre.

Sehen Sie sich dazu nochmals das Beispielhoroskop (siehe Seite 50) an: Wenn wir davon ausgehen, dass es in den sieben Jahren vom 21. bis zum 28. Lebensjahr unter der Herrschaft des Schützen um Sinnfindung geht, dann könnte zum Zeitpunkt der Jupiter-Auslösung eine neue Ausbildung begonnen oder ein Kind geboren werden – je nachdem, worin der jeweilige Lebenssinn besteht.

Berechnung der Auslösungen

Die meisten Computerprogramme berechnen automatisch, wann sich die einzelnen Planeten auslösen. Ich möchte Sie hier aber gerne trotzdem damit vertraut machen, wie eine solche Auslösung berechnet wird. Kommen wir zu diesem Zweck nochmals auf Annas Horoskop auf Seite 50 zurück:

Das siebte Haus ist 56 Grad groß und 7 Jahre lang.
56° geteilt durch 7 Jahre = 8° = 1 Jahr.
Jupiter steht 7° von der Spitze des achten Hauses entfernt.
7° geteilt durch 8 = 0,87 Jahre = Auslösung.

Das bedeutet also, dass sich Jupiter nach 0,87 Jahren vom Beginn der Siebenjahres-Periode an auslöst. Die Person ist zu Beginn dieser Periode genau 35 Jahre alt und daher zum Zeitpunkt der Auslösung 35 + 0,87 Jahre, also fast 36 Jahre alt.

Das vierte Haus ist 19 Grad groß und 7 Jahre lang.
19° geteilt durch 7 Jahre = 2,71° = 1 Jahr.
Uranus steht 9° von der Spitze des fünften Hauses entfernt.
9° geteilt durch 2,71 = 3,32 Jahre = Auslösung.

Das bedeutet also, dass sich Uranus nach 3,62 Jahren vom Beginn der Siebenjahres-Periode an auslöst. Die Person ist zu Beginn dieser Periode genau 56 Jahre alt und daher zu dem Zeitpunkt, da sich Uranus auslöst, 56 + 3,62 = 59,62 Jahre, also etwas über 59 Jahre alt.

Jedes der zwölf astrologischen Häuser steht für einen Bereich unseres Lebens, der sowohl der realen als auch der inneren Welt entspricht. Die Auslösungen gehen auf die Anwesenheit eines Planeten in einem Haus ein.

Hinweise zur Deutung

Als Erstes ist es sinnvoll zu sehen, in welchem Quadranten sich der Planet befindet, über den wir Auskunft haben wollen. Steht er im ersten, werden wir das »Ereignis« wohl auf körperlicher Ebene erleben, im zweiten auf seelischer, im dritten Quadranten auf geistiger Ebene oder im sozialen Umfeld. Wenn der Planet im vierten Quadranten steht, betrifft das »Ereignis« die Stellung in Gesellschaft und Öffentlichkeit.

Bei der Deutung von Auslösungen, egal ob es sich um indirekte oder direkte handelt oder ob es einen Herrscherplaneten betrifft, kann man sich anhand von Fragen systematisch an das Thema herantasten. Ich habe die Antworten auf das folgende Fragemuster anhand unseres Beispielhoroskops von Seite 50 formuliert. Das bedeutet nicht, dass die Auswirkungen immer so sind oder so sein müssen! Es ist nur eine Möglichkeit, denn jeder lebt seine Planetenkräfte anders aus. Eine allgemein gültige Antwort und eine Prognose, wie sich künftige Ereignisse konkret manifestieren werden, kann nicht gegeben werden, so dass die auf das Beispielhoroskop gegebenen Antworten nur beispielhaft sein können.

Bei der hier besprochenen direkten Auslösung geht es um Saturn, der sich im sechsten Haus befindet und über das zwölfte Haus herrscht.

Direkte Auslösung

1. In welchem Quadranten steht der direkt angetroffene Planet? Im zweiten Quadranten (seelische Auswirkungen).
2. Auf welchem Lebensgebiet befindet er sich, und welche Zeichenqualität weist er auf? Im sechsten Haus – Abschnitt 42. bis Ende 48. Lebensjahr (Arbeitsumfeld, Anpassung, Analyse, Gesundheit etc.) im Zeitabschnitt Löwe (Handlungsfähigkeit, Herzlichkeit, Kreativität).
3. Um welchen Planeten handelt es sich? Um Saturn (Gesetz, Ordnung und Struktur, Maßstäbe, Reduktion, Einschränkung, Angst).
4. Über welches Feld herrscht Saturn? In der Fachsprache sagt man dazu: Aus welchem Haus kommt Saturn? In unserem Beispiel ist das zwölfte Haus vom Steinbock angeschnitten, dem bekanntlich Saturn zugeordnet ist. Die Kombination von Steinbock und zwölftem Haus kann bedeuten: Rechtlosigkeit, aber auch Gesetze des Kosmos.

5. Die Verbindung aller Fakten kann dann bedeuten: Rechtlosigkeit in der Arbeit (Saturn im sechsten Haus), aber auch mit den Gesetzen (Steinbock) des Kosmos (Haus 12) arbeiten (Haus 6).

In unserem Beispiel gab eine stark einschränkende berufliche Situation den Ausschlag, dass Anna eine astrologische Ausbildung begann; sie suchte nach einem Weg, um ihre Situation zu begreifen und nach ihren Möglichkeiten und Potenzialen zu suchen.

Auslösung des Siebenjahres-Herrschers

1. Um welchen Zeitabschnitt geht es, und welche Zeichenqualität weist er auf? Haus 11 – Abschnitt vom 7. bis Ende 13. Lebensjahr (Themen u. a. Freiheitlichkeit, Individualität), Zeichenqualität Steinbock (Einschränkung, fremde bzw. elterliche Maßstäbe usw.). Da es sich um einen sehr frühen Zeitabschnitt handelt, werden auch die Qualitäten meist erst einmal von außen, sozusagen in der gehemmten, unerlösten Form erlebt.
2. Welches ist der dazugehörige Planet? Saturn.
3. In welchem Quadranten befindet er sich? Im zweiten Quadranten (seelische Auswirkungen).
4. Auf welchem Lebensgebiet befindet er sich? Im sechsten Haus (u. a. Gefühlsausdruck und Anpassung bzw. Unterordnung).
5. Wann löst sich der Herrscherplanet aus? 5,53 Jahre nach Beginn des Zeitabschnittes, d. h. im Alter von etwa 13 Jahren (Annas Wunsch nach einer weiterführenden Schule konnte nicht erfüllt werden).
6. Hat der Planet Verbindungen im Radix? Eine Konjunktion zu Mond (u. a. darf nur so empfunden werden, wie es die Eltern bzw. die Erzieher vorschreiben; begrenzter Gefühlsausdruck).
7. Haben frühere indirekte oder direkte Auslösungen »Ereignisse« bewirkt? Wenn ja, wie haben sie sich geäußert? Die erste Auslösung fand im Alter von 5,53 Jahren statt; zu diesem Zeitpunkt fand ein für Anna einschneidender Wohnungswechsel und ein Wechsel der Bezugspersonen statt. Mit diesem letzten Punkt sind auch die indirekten Auslösungen besprochen, denn sie dienen im Wesentlichen dazu herauszufinden, wie die »Ereignisse« vor einer direkten Auslösung oder einer Auslösung des Herrscherplaneten empfunden werden.

Das Beispielhoroskop zeigt im Alter von 7 bis 14 Jahren den Steinbock als Siebenjahres-Herrscher, was auf Schwierigkeiten in der Schule hindeutet. In der Tat sorgte Anna im Alter von etwa zwölf Jahren für einen Schulskandal.

Solar-Horoskop

Das Solar-Horoskop funktioniert wie ein Vergrößerungsglas – auf ein bestimmtes Jahr gerichtet zeigt es uns deutlich unsere Chancen und Herausforderungen.

Das Solar geht von der so genannten »Sonnenrückkehr« aus, d. h., es wird auf den jährlichen Übergang der Sonne über ihren eigenen Ort erstellt und gilt immer nur für dieses eine Jahr. Etwa vier bis sechs Wochen vor dem gewählten Zeitpunkt beginnen die Themen zu greifen, und ungefähr vier bis sechs Wochen nach Ablauf des Jahres verliert das Solar seine Wirkung. Es wird grundsätzlich auf das Radix-Horoskop bezogen, denn ein Solar ohne Radix-Bezug führt zu keiner befriedigenden Deutung. Das bedeutet natürlich, dass man das Radix-Horoskop bereits interpretiert haben muss, ehe man an die Deutung des Solars herangeht.

Das Solar stellt einen Indikator dar, der uns über thematische Schwerpunkte in dem entsprechenden Jahr Auskunft gibt und anstehende Aufgaben und Möglichkeiten anzeigt. Natürlich gilt auch hier – wie beim Radix-Horoskop –, dass nur die Qualität angezeigt wird, nicht aber die Ebene, auf der die Planetenqualitäten ausgelebt werden.

Einführung

Alle astrologischen Computerprogramme liefern das Solar auf Knopfdruck. Wenn es per Hand berechnet werden soll, geben Sie nicht Ihre Geburtszeit ein, sondern nehmen den Zeitpunkt, an dem die Sonne wieder genau auf dem Platz der Geburt steht. Wenn Sie also beispielsweise am 30.9. um 7:20 Uhr geboren wurden und Ihre Sonne auf 6°33' in der Waage steht, muss die Sonne wieder auf 6°33' stehen. Die »Geburtszeit« Ihres Solars verschiebt sich dabei von der Zeit her bis zu einem Tag gegenüber der tatsächlichen Geburtszeit. Das »Geburtsjahr« Ihres Solars ist das Jahr, das Sie betrachten wollen. Als Ort sollten Sie den für das relevante Jahr gültigen Aufenthaltsort wählen. Kurzfristige Ortswechsel, um ein anderes, günstigeres Resultat zu erzielen, sind nicht anzuraten, da das Solar dann Angaben liefert, die uns unter Umständen nicht weiterhelfen, wie die Erfahrung gezeigt hat. Solare, die für den Geburtsort erstellt werden, zeigen dagegen allgemeine Lebensaufgaben.

Wenn man mehrere Solar-Horoskope erstellt hat, wird man feststellen, dass beim MC eine gewisse Periodizität gegeben ist: Er geht von einem Jahr zum nächsten etwas weniger als 90° im Tierkreis weiter (ca. 2° bis 3°). Das heißt, dass er alle vier Jahre eine ähnliche Achsenstellung bildet, allerdings jeweils um 8° bis 12° weniger im Zeichen. Um einmal den gesamten Tierkreis zu durchlaufen, braucht der MC etwa 36 Jahre.

Deutung des Solars

Wie beim Radix-Horoskop gilt auch beim Solar als Faustregel, dass eine Planetenstellung im letzten Sechstel eines Hauses bereits in das nächste Haus interpretiert wird. Ich habe immer wieder die Erfahrung gemacht, dass ein Planet mit einer solchen Stellung in beiden Häusern wirksam ist und bei einer guten Selbstwahrnehmung auch so erlebt wird. Bei den Achsen hingegen gilt, dass ein Häuseranschnitt bis zu einem Grad eindeutig zuzuordnen ist, d.h., er wirkt wie ein Nadelöhr, durch das das Zeichen des Aszendenten oder des MC gefädelt wird (z.B. Aszendent auf 28°47' Stier ist noch Stier-Aszendent). Bei Achsenstellungen mit weniger als einem Grad werden sehr häufig beide Qualitäten empfunden und im besten Fall auch verbunden. Ein Mann mit einem Aszendenten 0°45' in der Jungfrau beispielsweise lebt sowohl den Löwen als auch die Jungfrau, indem es ihm bei seinem Talent, große Zusammenhänge sehen zu können, zugleich auch ein inneres Bedürfnis ist, ins Detail zu gehen und das Wissen zu vertiefen.

Deutungskriterien

Das Solar zeigt uns, wie gesagt, wo die Aufgaben und Möglichkeiten eines Jahres sind. Es sagt uns, auf welchen Lebensgebieten Möglichkeiten, Handlungsbedarf oder aber auch Herausforderungen bestehen. Die Auswirkungen zeigen sich aber letztlich in jenen Häusern, in die die Solarkonstellationen im Radix-Horoskop fallen. Für die Deutung eines Solars kann man eine gewisse Reihenfolge festlegen, nach der am besten vorgegangen wird.

> **Während der MC (der Medium Coeli steht senkrecht auf dem Geburtsort und ist die Linie, an der sich täglich zu Mittag die Sonne einstellt) jedes Jahr ungefähr 90° weiterrückt, ist der Aszendent keiner Periodizität unterworfen. Er richtet sich nach dem Zeitpunkt des Sonnenwiederkehrstandes.**

Solar-Horoskop

Das Radix-Horoskop von Susanne

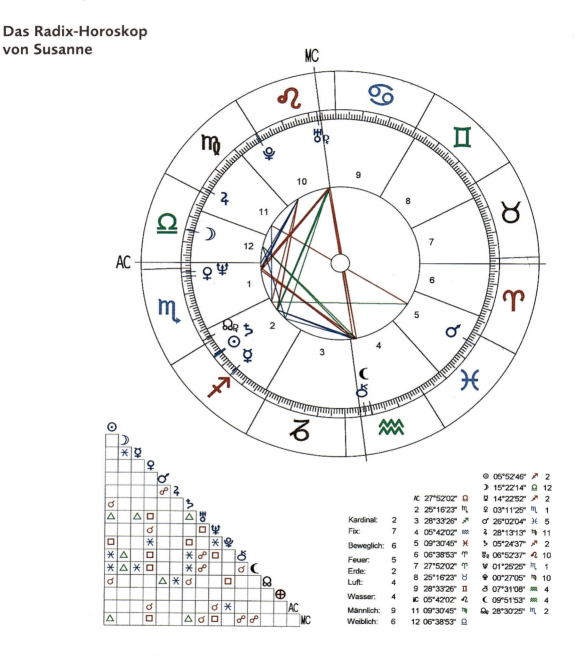

Solare berechnen

Das Solar-Horoskop von Susanne

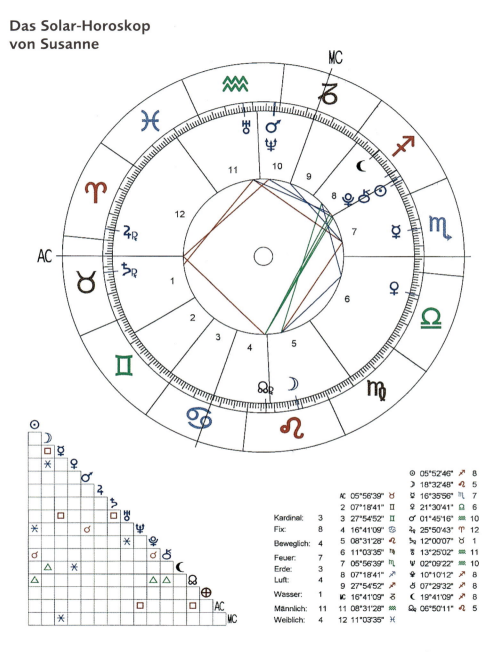

Solar-Horoskop

Solar-Achsen, Solar-Sonne und sich wiederholende Planetenverbindungen sind die wichtigsten Kriterien des Solar-Horokops. Danach untersucht man Aktivierungen, Aspektwiederholungen und Planetenballungen.

Die größte Wichtigkeit in einem Solar-Horoskop haben die **Solar-Achsen**, wobei der sensibelste Punkt der Solar-Aszendent ist; er drückt aus, mit welchem Blick man in diesem Jahr in die Welt hineingeht. Steht dort ein Planet, bekommt man zusätzlich dessen Qualität.

Werfen wir nun zum besseren Verständnis einen Blick auf unser Beispielhoroskop:

- Das Solar-Horoskop von Susanne weist einen Stier-Aszendenten auf, der in das siebte Radix-Haus fällt. Das Solar zeigt also an, dass in diesem Jahr Beziehungen und Begegnungen mit anderen ein wichtiges Thema für Susanne sein werden.

- Welches Ziel habe ich in diesem Jahr im Auge, wo will ich in diesem Jahr hin? Darüber geben MC und ein eventuell dort platzierter Planet Auskunft. Bei Susanne fällt der Solar-MC in das dritte Haus. Dies kann beispielsweise bedeuten, dass es im Beruf um Kommunikation geht oder auch dass Kommunikation zum Beruf gemacht wird. Susanne ist verheiratet, hat zwei Kinder und arbeitet als Ressortleiterin bei einer großen Tageszeitung, die im Grunde eine Institution ist – darauf deutet der Steinbock-MC hin.

- Wenn eine Achsengleichheit vorliegt oder die Achsen in die entsprechenden kardinalen Häuser des Radix fallen (beispielsweise Solar-AC in das erste Radix-Haus, Solar-MC in das zehnte Radix-Haus), handelt es sich um ein besonders wichtiges Jahr, das bedeutet, man kann an Themen des Horoskops herangeführt werden, zu denen man bisher keinen Zugang hatte. Dies lässt sich auch in Susannes Horoskop deutlich sehen, denn die Aussagen über das Solarjahr sprechen immer eine deutliche Sprache.

Bei einem eventuellen Achsenwechsel (AC-DC und/oder MC-IC) möchte die andere Seite der Persönlichkeit hervorkommen bzw. entwickelt werden, d. h., von außen werden die Dinge dann in dieser Zeit häufig auf den Kopf gestellt.

- Der nächste bedeutsame Punkt im Solar-Horoskop ist die **Solar-Sonne**, deren Platz anzeigt, wo wir Entwicklungsmöglichkeiten haben. Die Auswirkungen dieser Möglichkeiten finden wir wiederum im Radix-Horoskop. Bei Susanne beispielsweise befindet sich die Solar-Sonne im achten Haus, was bedeuten kann, dass sie ihre Wertvorstellungen ändern muss, oder aber es erwartet sie eine Erbschaft (achtes Haus = Geld der anderen). In beiden Fällen wirkt das Solar auf das zweite Radix-Haus, nämlich die materiellen Werte. Der Solar-Sonne wird anschließend noch ein eigenes Kapitel gewidmet (siehe Seite 87).

● Nach der Sonne sehen wir uns an, ob es sich wiederholende Planetenverbindungen gibt. Dazu muss man wissen, dass nicht nur, wie eingangs erwähnt, das Solar-Horoskop für sich allein keinerlei Bedeutung hat, sondern auch, dass vorwiegend nur jene Aspektkonstellationen von Bedeutung sind, die im Radix-Horoskop vielleicht bereits in anderer Form eine Rolle spielen.

Ein Beispiel wäre in Susannes Fall Neptun am Aszendenten, was einer Mars-Neptun-Qualität entspricht (Mars = Qualität von Haus 1 = Widder); im Solar findet sich eine Mars-Neptun-Konjunktion im zehnten Haus. Da Susanne in den Medien arbeitet, für die bekanntlich Neptun steht, hat sie die Energie auf ihre Art (wenigstens zum Teil) abgedeckt. Sie hat beruflich in dem gezeigten Solar-Jahr neue Aufgaben erhalten, d.h., die Ressortaufteilung wurde geändert, und Susannes Initiative war gefragt, eingefahrene Gleise zu verlassen.

Diese Art, Mars/Neptun auszuleben, hat sicherlich eine andere Qualität als die im Radix-Horoskop angezeigte Möglichkeit. Dort steht Neptun am Aszendenten, was in Verbindung mit der dort befindlichen Venus bedeuten könnte, dass sie sich als »Traumfrau« mit leicht vernebelter Weltsicht hilflos der Partnerschaft ausgeliefert fühlt oder ihre Macht als die »Macht der Hilflosen« einsetzt, auch wenn ihr dies möglicherweise nicht einmal bewusst ist.

● Von Interesse sind noch Aktivierungen und Wiederholungen oder, anders ausgedrückt, die Frage, ob Solar-Planeten und Punkte (wieder) auf Positionen von Radix-Planeten stehen und umgekehrt. Ebenso interessant sind auch Planetenballungen, die ein Jahresthema besonders herausheben und deutlich machen können.

● Als Letztes stellen wir noch die Saturn-Frage (siehe Seite 92) und können uns unsere Aufgaben für das betreffende Jahr mit Hilfe des Mondknotens genauer ansehen.

Mit der Auswertung von Saturn und Mondknoten lässt sich gut feststellen, wie man in diesem Jahr am besten vorgeht, um die anstehenden Aufgaben zu bewältigen.

Solar-Achsen in den Radix-Häusern

Nun wenden wir uns der Wirkung der Solar-Achsen in den einzelnen Radix-Häusern zu.

Solar-AC im ersten Radix-Haus

Viel Schwung und Handlungsfreiheit in diesem Jahr, Erreichen vermehrter Spontaneität und Ich-Durchsetzung. Zeigt einen starken Bezug zu Radix-Themen. Je näher ein Planet im Solar beim AC steht, desto stärker identifizieren wir uns mit dieser planetarischen Kraft.

Solar-MC im ersten Radix-Haus

Bringt viel berufliche Freiheit und Unterstützung (im Unterschied zum Solar-AC im zehnten Radix-Haus [siehe dort]).

Solar-AC im zweiten Radix-Haus

Werte und Wertsysteme sind in diesem Jahr angesprochen; häufig gilt das Hauptinteresse den Finanzen und Erträgen. Bei harmonischen Aspekten zu Planeten und Achsen Erfolg in diesem Bereich; bei Spannungsaspekten oder schwierigen Planeten im zweiten Haus häufig finanzielle Schwierigkeiten, die Auseinandersetzungen mit Substanz- und Wertfragen auslösen. Auseinandersetzung auch mit der eigenen Substanz, dem Körper. Es stellt sich mitunter die Frage: Wie viel bin ich alleine wert? Welche Talente gilt es zu entdecken und umzusetzen? Im zweiten Haus sind die Erträge aus eigener Arbeit zu sehen. Insgesamt stellt sich die Frage des Rückhalts in sich selbst oder im äußeren Besitz.

Solar-MC im zweiten Radix-Haus

Einkommen bzw. Besitz und Werte sowie Wertigkeiten im Zusammenhang mit dem Beruf oder der Karriere; im konkreten Fall kann dies eine Gehaltserhöhung sein oder eine Arbeit, die nicht die gedachten materiellen Werte einbringt; es kann auch Orientierung nach neu gefundenen Werten bedeuten.

> **Erträge aus eigener Arbeit kann man am zweiten Haus ablesen, wohingegen Fremdwerte im achten Haus und Gewinne aus Glücksspielen und Spekulationen im fünften Haus zu finden sind.**

Solar-AC im dritten Radix-Haus

Wichtigkeit des Austausches und der Kommunikation mit der Umwelt, unter Umständen spielen Schriftstücke eine gewisse Rolle. Häufig zahlreiche Kurzreisen. Wir sollten überprüfen, ob unser mündlicher und schriftlicher Ausdruck dem entspricht, was wir meinen. Und umgekehrt: Wie hören wir das, was uns andere sagen? Hier sind eventuell Rückfragen angebracht, um Missverständnisse zu vermeiden.

Solar-MC im dritten Radix-Haus

Fragen der Kommunikation und des Austausches werden in den beruflichen Bereich getragen. Bereiche der Kommunikation werden zum Beruf gemacht. Öffentliche Anerkennung der eigenen Meinung. Berufliche Kurzreisen möglich.

Wenn der Solar-MC in das dritte Radix-Haus fällt, wird jede Art von Kommunikation für den Beruf genutzt. Dies kann sich auch auf neue Medien beziehen; häufig ist dann im Solar auch eine Verbindung mit Uranus zu sehen.

Solar-AC im vierten Radix-Haus

Auseinandersetzung mit der Herkunft, den Wurzeln, der Vergangenheit oder der Kindheit, Beschäftigung mit den Eltern oder mit der Elternrolle, auch mit dem gegenwärtigen Zuhause. Die Wohnsphäre kann neu gestaltet werden, oft entsteht ein starkes Bedürfnis nach einem eigenen Heim. Wohnungs- und Ortswechsel sind möglich. Bei schwierigen Konstellationen kann man unter Umständen zu einem Wechsel gezwungen werden. Ziel des Jahres ist, sich der eigenen gefühlsmäßigen Bedürfnisse bewusst zu werden. Auf einer anderen Ebene kann diese Stellung auch das Ende eines Vorhabens bedeuten oder auch das Ende des Lebens (auch eines Elternteiles) anzeigen.

Solar-MC im vierten Radix-Haus

Zeigt oft das Erreichen eines beruflichen Zieles an, bei Spannungsaspekten hingegen eventuell das Infragestellen der beruflichen Position. Dies kann ein Jahr sein, in dem alles auf den Kopf gestellt wird und ein Neubeginn stattfindet. Es kann aber auch sein, dass man den Beruf in das eigene Heim verlagert oder den Beruf zugunsten einer häuslichen Tätigkeit aufgibt.

Solar-AC im fünften Radix-Haus

Beschäftigung mit dem Selbstverwirklichungspotenzial und intensiverer Austausch mit der Umgebung (Herzlichkeit) sowie die Bereitschaft, impulsiver zu handeln. Vorsicht vor Risiken bei Spekulationen, wenn das fünfte Haus mit dem zweiten oder dem achten schwierige Verbindungen hat! Für Künstler bedeutet es ein kreatives Jahr. Es zeigt auch Liebesabenteuer und Kinder an – sowohl körperliche als auch geistige.

Solar-MC im fünften Radix-Haus

Dieser Aspekt fördert die berufliche Betätigung im kreativen, unternehmerischen oder künstlerischen Bereich. In diesem Jahr kann eine Geschäftsgründung oder eine Tätigkeit als Selbstständiger erfolgen. Zeigt auch ein intensives gesellschaftliches Leben an.

Solar-AC im sechsten Radix-Haus

Jetzt sind Fragen der Gesundheit und Grenzen des eigenen Organismus angesprochen. Manchmal eingeschränkte Vitalität durch körperliche oder Arbeitsbedingungen. Bei Spannungsaspekten mit dem zehnten Haus berufliche Unfreiheiten oder Zwangssituationen. Gefragt ist die Bereitschaft, Revisionen vorzunehmen, sowohl hinsichtlich der eigenen Lebensweise als auch der Arbeit.

Solar-MC im sechsten Radix-Haus

Hier wird die berufliche Lage bewusst. Häufig ein Jahr, in dem man sich in einer untergeordneten Position erlebt. Dann ist die Haltung wichtig: Man sollte sich damit auseinander setzen, was man für sich und seine Position tun kann, beispielsweise neue Fertigkeiten erlernen und eigene Grenzen sehen. Auseinandersetzungen mit Kollegen und Hierarchien sowie berufsbedingte Krankheiten sind möglich.

Solar-AC im siebten Radix-Haus

Ein wichtiges Jahr für Begegnungen, Beziehungen, Partnerschaften und das Wirken in der Öffentlichkeit. Spannungsaspekte können eventuell

---

Bei einem Solar-AC im sechsten Radix-Haus ist man oft aufgefordert, nicht nur die körperlichen und geistigen Grenzen zu sehen, sondern auch die geistigen und ethischen Grenzen anzuerkennen. Hier ist eine Haltung des Dienstes an der Sache von Vorteil.

Schwierigkeiten mit anderen und Trennungen anzeigen; harmonische Aspekte stehen möglicherweise für neue Verbindungen oder Heirat. Das Jahr eignet sich insgesamt, um sich mit seinen Projektionen und Schattenthemen auseinander zu setzen.

Solar-MC im siebten Radix-Haus

Häufig Änderung der sozialen Stellung durch Heirat oder Scheidung, manchmal verbunden mit einem Ortswechsel. Berufliche Partnerschaften und Verbindungen zwischen Partnerschaft und Beruf sind möglich.

Solar-AC im achten Radix-Haus

Beschäftigung mit den Werten anderer oder mit dem gemeinsamen Besitz, auch mit Verantwortung. Möglich sind Gewinn oder Verlust durch andere, Erbschaften, Anlagegewinne und Versicherungsgelder. Auch die Frage nach der eigenen Kreditwürdigkeit kann konkret gestellt werden. In diesem Jahr geht es um die Prozesse des Loslassens. Manchmal Todesfälle in der unmittelbaren Umgebung oder Auseinandersetzung mit der Vergänglichkeit, auch mit dem Verborgenen und mit der Sexualität. Oft ein Jahr der Krise mit der Chance eines Neubeginns.

Solar-MC im achten Radix-Haus

Wirkt in Bezug auf die Werte anderer ähnlich wie der AC, bekommt aber eine »öffentlichere« Note. Ist es ein Jahr der Krise, handelt es sich in diesem Fall meist um eine beruflich kritische Situation.

Solar-AC im neunten Radix-Haus

Meist eine Zeit für Studien oder wichtige Auslandsreisen. Konfrontation mit fremden Lebenseinstellungen und neuen Erklärungsmodellen von Wirklichkeit, Test der Großzügigkeit im Denken; besonders bei Spannungsaspekten manchmal gedankliche Sturheit.

Solar-MC im neunten Radix-Haus

Berufliche Reisen, Auslandstätigkeit oder -geschäfte. Kann den Beginn einer höheren Berufsausbildung oder Lehrtätigkeit anzeigen.

> **Mit einem Solar-AC im siebten Radix-Haus erlebt man sich in diesem Jahr weniger als Einzelkämpfer, sondern als stärker abhängig von seiner Umwelt und ist auf Zusammenarbeit angewiesen.**

Solar-AC im zehnten Radix-Haus

Insgesamt die Beschäftigung mit dem Beruf, manchmal auch ein Berufswechsel oder eine lang ersehnte Verwirklichung von Plänen durch eigene Initiative und Anstrengung. Dies ist auch eine Art Bewährungsprobe, denn es heißt jetzt, sich dem Test des Maßstabes durch die Öffentlichkeit zu unterwerfen.

Solar-MC im zehnten Radix-Haus

Hier werden die Radix-Themen sehr stark angesprochen, alle vorhandenen Aspekte werden (neuerlich) zum Thema.

Solar-AC im elften Radix-Haus

In diesem Jahr sind Unternehmungen mit Gleichgesinnten und das Thema Freundschaften angesprochen sowie die Auseinandersetzung mit den eigenen Hoffnungen und Zielen. Bei Spannungsaspekten kann es hier Enttäuschungen geben. Eventuell gewinnt ein Hobby an Bedeutung.

Solar-MC im elften Radix-Haus

Kann eine Förderung durch Vorgesetzte bedeuten oder an beruflichen Zielen und Hoffnungen zu arbeiten, aber auch neue Bereiche der Arbeit zu beschreiten (z. B. Internet, Unternehmensberatung etc). Bedeutet manchmal auch die Verbindung von Freunden und Beruf.

Solar-AC im zwölften Radix-Haus

Für dieses Jahr sollte man sich nicht so viel vornehmen, da man Zeit zum Auftanken braucht. Meist ist es ohnehin mit notwendigen Verzichten verbunden, manchmal auch mit gesundheitlicher Schwächung. Vertiefung der Beschäftigung mit spirituellen Themen und die Möglichkeit, Hintergründe zu sehen, ist jetzt gegeben. Nimmt man diese Qualität nicht an, kann man das Gefühl bekommen, ausgeschlossen oder betrogen zu werden. Bei dieser Stellung beklagen sich die Menschen oft, dass die Dinge nicht mehr so laufen wie bisher. Wichtig ist der Abbau von Abhängigkeiten von anderen, unter anderem durch Rückzug.

> Während ein Solar-AC auf einem Radix-MC berufliche Entfaltung durch persönlichen Einsatz bedeuten kann, spricht der umgekehrte Fall, also Solar-MC auf Radix-AC, von einer Profilierung der Persönlichkeit durch berufliche Angelegenheiten.

Solar-MC im zwölften Radix-Haus

Günstig für heilende und helfende Berufe. Kann aber auch berufliche Unzufriedenheit bedeuten, man stellt sich infrage oder wird infrage gestellt, manchmal Intrigen am Arbeitsplatz. Man muss sehr darauf achten, anderen gegenüber offen zu sein, denn sonst veranlasst man sie, Mutmaßungen anzustellen.

Sonne im Solar

Die Sonne im Solar-Horoskop hat zu tun mit Zielen, Individualisierung, Selbstausdruck und Selbstwerdung. In dem Bereich, in dem sie im Solar steht, ist Wachstum und Entwicklung möglich, andernfalls kommen häufig Ereignisse von außen.

Bei Frauen gibt der Solar-Sonnenstand einen Hinweis auf den Partner. Sie können vielleicht einen Partner aus diesem Bereich anziehen, oder der Partner lebt die Solar-Sonne eventuell für sie aus. Bei Männern gibt die Solar-Sonne oft Hinweise auf den Vater. Am wichtigsten ist der Solar-Sonnenstand in den Kardinalhäusern.

Wir müssen nun genauer untersuchen, in welchen Bereich des Radix-Horoskops die Solar-Sonne fällt, um den Lebensbereich auszumachen, auf den sie sich auswirkt. In unserem Beispielhoroskop (siehe Seite 78/79) interpretieren wir die Solar-Sonne in das achte Haus, wodurch sie in das zweite Radix-Haus fällt. Dieser Aspekt bedeutet erst einmal für sich genommen, dass Susannes Ehe (Haus 8 = fortgesetzte Partnerschaft) zum Thema wird und sich auf ihr Selbstwertgefühl (= Haus 2 im Radix-Horoskop) auswirkt oder dass sich in dieser Beziehung Abgrenzungsprobleme thematisieren.

Wenn der Solar-MC in das zehnte Radix-Haus fällt, so bedeutet dies, dass der Erfolg vor allem von den eigenen Anstrengungen abhängt; es ist kein Erfolg, der durch Förderung oder Glück entsteht.

Solar-Sonne im ersten Solar-Haus

Ein gutes Jahr, um sich ins Zentrum zu setzen und sich mit Durchsetzungsbedürfnissen und -themen zu beschäftigen. Auf welchem Gebiet, sagt das Radix-Haus, in dem die Sonne steht.

> Im Grunde zeigt das Solar-Horoskop nichts anderes als die Transite zum Zeitpunkt der Sonnenrückkehr. Dieser Augenblick, in dem der Sonnenzyklus neu beginnt, gibt dem folgenden Jahr seine Prägung.

Solar-Sonne im zweiten Solar-Haus

Hier bekommen die Themen Abgrenzung und Selbstwert eine Bedeutung, aber auch Genuss und materielle Güter. Um die leicht einsichtigen Themen des zweiten Hauses zu verlassen, ein etwas anderes Beispiel aus der Praxis: Eine Sonne im zweiten Solar-Haus kann auch bedeuten, dass jemand nach einer Identitätskrise wieder die Kraft findet, materiell für sich selbst die Verantwortung zu übernehmen.

Solar-Sonne im dritten Solar-Haus

Ein gutes Jahr, um Kommunikation in jeder Richtung auszubauen. Da im dritten Haus auch die feinmotorische Geschicklichkeit zu finden ist, kann beispielsweise jemand ein handwerkliches Hobby beginnen. Oder jemand wird in diesem Jahr Mietervertreter gegenüber der Hausverwaltung (Haus Drei = näheres soziales Umfeld). Auch Geschwister spielen in diesem Jahr eine Rolle; vielleicht erkennt man die Bedeutung der Beziehung zueinander, möglicherweise fällt es aber auch leichter, (wieder) Kontakte zu anderen aufzunehmen und zu pflegen.

Solar-Sonne im vierten Solar-Haus

Bedürfnis nach emotionaler Sicherheit, eventueller »Nestbau«, Auseinandersetzung mit der (Herkunfts-)Familie. Das Heim kann zum glanzvollen Mittelpunkt werden. In diesem Jahr haben wir auch oft den Mut, uns mit unseren seelischen Problemen auseinander zu setzen. Liegen dagegen Spannungsaspekte vor, haben wir wahrscheinlich Angst davor.

Solar-Sonne im fünften Solar-Haus

Hier ist die Sonne in ihrem »eigenen« Haus, es geht um Kreativität und Vergnügungen, aber auch um die Fähigkeit zur Handlung. Wenn nicht andere Aspekte dagegensprechen, kann es gut sein, dass uns in diesem Jahr mehr Handlungsfähigkeit zur Verfügung steht und dass wir unsere Fähigkeiten zum Selbstmanagement entdecken. Einsetzen werden wir dies in dem Haus, in dem die Sonne im Radix steht, in dem wir uns verwirklichen wollen.

Solar-Sonne im sechsten Solar-Haus

Hier wird man sich wahrscheinlich genötigt sehen, sich mit der eigenen Gesundheit auseinander zu setzen, und sei es nur, um seine Lebensweise ohne »ersichtlichen« Grund zu ändern; vielleicht überprüft man auch seine Essgewohnheiten. Es kann aber auch sein, dass man sich mit seinem Alltag und den Alltagsgewohnheiten konfrontiert und zu einem ehrlicheren Gefühlsausdruck findet als bisher.

Solar-Sonne im siebten Solar-Haus

Die Energie gilt der Selbstspiegelung in den anderen, d.h., wie uns die anderen erleben, man möchte gerne Publikum haben. In diesem Jahr kann es sein, dass vieles von außen auf uns zukommt und wir vermeintlich dem »Schicksal« ausgeliefert sind. Es geht aber einmal mehr darum, sich damit auseinander zu setzen, wie man mit dem, was man tut und wie man sich gibt, auf seine Umwelt wirkt.

Solar-Sonne im achten Solar-Haus

Hinweis auf Krisenzeiten; die derzeitige Situation ist oft nicht mehr adäquat. Machtverhältnisse werden angesprochen. Wie erlebt uns unser Partner? Woran binden wir uns (zu sehr)? Welche Konzepte sind untauglich geworden? Ist die Sonne ohne Belastung, können wir in Bezug auf diese Fragen in diesem Jahr ein gutes Stück weiterkommen. Im Übrigen kann die Sonne – wie auch der AC – einen unerwarteten materiellen Segen etwa aus einer Erbschaft oder einer Versicherung und dergleichen bedeuten.

Solar-Sonne im neunten Solar-Haus

Sie kann die Sinnsuche schlechthin bedeuten, vielleicht besteht auch der Wunsch nach Horizonterweiterung, z.B. in Form eines Studiums oder Auslandsaufenthalts. Möglicherweise beginnt man eine Lehrtätigkeit oder trifft einen »Lehrer«, der eine große Rolle spielen wird. Mancher beginnt – besonders nach einer Midlifecrisis – zu begreifen, was »Großzügigkeit des Herzens« bedeuten kann.

Während der Solar-Aszendent den persönlichen Ausdruck beschreibt, zeigt uns die Solar-Sonne den Selbstausdruck in Form von Aktivitäten und Schwerpunkten im Solarjahr.

Solar-Sonne im zehnten Solar-Haus

Dieser Sonnenstand ist oft ein Indiz für beruflichen Erfolg, man wird befördert oder gefördert. Dieses Jahr ist eine gute Gelegenheit, um auf die Bühne zu treten oder auch die Bühne zu wechseln. In diesem Jahr dürfte man sein Rechtsbewusstsein schärfen oder auch dahinterkommen, was die Gesellschaft von uns wollen könnte und wie wir mit dieser Verpflichtung umgehen (möchten).

Solar-Sonne im elften Solar-Haus

Das elfte Haus repräsentiert unter anderem die geistige Freiheit, dort sind unsere Freunde zu finden bzw. unser Umgang mit Freunden und Freundschaft, unsere Hoffnungen und Wünsche sowie mögliche Richtungsänderungen. Steht die Sonne in diesem Solar-Feld, dürften einige dieser Themen aktuell werden. Es kann beispielsweise ein Jahr sein, in dem wir uns sehr aktiv um die Erfüllung eines lang gehegten Wunsches bemühen.

Solar-Sonne im zwölften Solar-Haus

Fällt die Solar-Sonne in das zwölfte Radix-Haus, sollten wir uns nicht nur zurückziehen, um in aller Stille etwas zu schaffen, sondern wir brauchen die Zurückgezogenheit während dieses Jahres auch, um uns zu regenerieren und Kraft für den Alltag zu tanken.

Dies ist ein Jahr, um sich etwas zurückzuziehen und innere Prozesse zuzulassen. Möglicherweise werden wir darunter leiden, nicht so viel Anerkennung zu bekommen wie sonst. In heilenden/helfenden Berufen sind jetzt schöne Erlebnisse möglich! Manche kreieren auch etwas Wichtiges in der Zurückgezogenheit und gehen später damit an die Öffentlichkeit.

Planeten im Solar

Neben den Achsen und der Sonne kommen im Solar auch die Aktivierungen, Aspektwiederholungen und eventuelle Planetenballungen zum Tragen, wobei insbesondere den Planeten und Punkten eine Bedeutung zukommt, die bereits im Radix eine Rolle spielen. Die Orben sind dabei relativ eng zu nehmen, der Wert liegt bei etwa 3° bis maximal 5°.

Aktivierungen

Wenn ein Solar-Planet oder eine Solar-Achse auf einer Spannungsfigur, einem Planeten oder einer Achse im Radix steht, wird diese wieder aktiviert, d.h., es handelt sich wohl um ein altes Thema, das aufgearbeitet werden soll. In welcher Weise dies am besten geschieht bzw. welchen Weg wir nehmen können, zeigt das Solar an. In unserem Beispielhoroskop (siehe Seite 78/79) aktiviert der Solar-Mondknoten, definiert in das fünfte Haus, die MC-Uranus-Konjunktion im Radix. Es geht um die Verwirklichung der eigenen schöpferischen Möglichkeiten im Beruf.

Wiederholungen

Wenn Aspekte sich wiederholen, ist das damit verbundene Thema in diesem Jahr wichtig, d.h., es wird in irgendeiner Form zum Ausdruck kommen. Eine schwierige Radix-Konstellation als harmonische Konstellation im Solar bedeutet, dass sie in diesem Jahr leichter zu leben ist und daher auch leichter bearbeitet werden kann. Im umgekehrten Fall bedeutet es, dass ein ursprünglich harmonischer Aspekt des Radix im Solar nicht voll zum Tragen kommt. In beiden Fällen verändert sich nicht nur der Aspekt, sondern auch die Sichtweise.

In Susannes Horoskop haben wir mehrere Wiederholungen, unter anderem ist im Geburtshoroskop ein Trigon zwischen Saturn und Uranus zu finden, im Solar wird diese Verbindung zum Quadrat. Während das Trigon ein Indikator dafür ist, dass Susanne es normalerweise versteht, in diesem konventionellen Verlagshaus etwas zu schaffen, das zwischen allen Traditionen liegt – und das auf dem schnellsten Weg –, wird sie sich in diesem Jahr vielleicht entweder in die Provokation flüchten, um Kritik herauszufordern, oder aber sich unangreifbar machen wollen, um sich einer möglichen Kritik zu entziehen.

Ballungen

Auch Planetenballungen machen uns auf wichtige Themen aufmerksam. Dies ist bereits vom Bild her einsichtig: Wir sehen in Susannes Radix-Horoskop auf die Sonne/Saturn/Merkur-Kombination das Trio Sonne/

In Susannes Horoskop aktiviert der Solar-DC (DC= Deszendent; der Deszendent liegt genau gegenüber dem Aszendenten) die Neptun-Venus-Konjunktion im ersten Radix-Haus. Das bedeutet, dass Susanne in diesem Jahr die Möglichkeit hat, unbewusste Machtthemen durch Begegnungen ins Bewusstsein zu heben.

Pluto/Chiron aus dem Solar kommen. Die Sonne steht natürlich immer auf dem gleichen Platz, interessant sind aber in diesem Fall ihre »Begleiter« und die sich in beiden Horoskopen gegenüberliegende Häuserthematik. Auffällig daran ist die Pluto-Beteiligung: Er steht im Solar-Horoskop in Konjunktion zur Sonne und die ganze Kombination wiederum im achten Haus, dem natürlichen Haus von Pluto. Unter anderem bedeutet das, dass jemand nicht auf fremde materielle Güter bauen sollte, sondern die Verantwortung für sein materielles Wohlergehen selbst übernehmen muss. Die Konstellation kann aber auch so verstanden werden, dass überholte, alte Werte und Wertmaßstäbe in dem betreffenden Jahr gewandelt werden sollen.

Wenn ein bestimmtes Zeichen, ein Planet oder eine bestimmte Kombination häufig angesprochen ist, so prägt diese Thematik das Solarjahr.

Es gibt aber auch Solar-Ballungen, die auf völlig leere Felder fallen. Eine Solar-Ballung beispielsweise, die in ein leeres zwölftes Radix-Haus fällt, spricht Themen an, die mit Unklarheit und Verlusten, aber auch mit Visionen und Helfen zu tun haben. Steht diese Ballung dagegen im zehnten Solar-Haus, werden die Dinge öffentlich.

Bei Planetenballungen im zwölften Solar-Haus ist es wiederum wichtig, nicht nur Klarheit zu erlangen, sondern auch seinen Ahnungen (nicht Ängsten!) nachzugehen.

Die Saturn-Frage

Mit Saturn und Mondknoten lässt sich die »Marschrichtung« für ein Jahr recht gut bestimmen. Als Erstes stellen wir anhand von Susannes Horoskop die »Saturn-Frage«:

- Frage des Solar-Saturn an das siebte Radix-Haus: Ist deine Art, Begegnungen und Beziehungen zu pflegen, noch gemäß?
- Antwort des Solar-Saturn aus dem ersten Solar-Haus: Eine andere Definition nach außen ist gefragt, die Ausbildung eigener Maßstäbe in Bezug auf Beziehungen wird verlangt, ebenso ein strukturierter, verlässlicher Umgang mit Beziehungen, darüber hinaus möglicherweise die Auseinandersetzung mit Schattenthemen, die ihr von außen immer wieder begegnen.

Und in der Tat waren im fraglichen Solar-Jahr Schwierigkeiten in der Partnerschaft aufgetaucht.

Mondknoten im Solar

Die Stelle, an der der Mondknoten im Solar steht, zeigt die Aufgabe für das kommende Jahr an, wobei immer das Lebensgebiet angesprochen ist, in dem der Mondknoten im Radix-Horoskop steht.

Bei Susanne befindet sich der Solar-Mondknoten im fünften Haus. Dies bedeutet, dass sie ihre Handlungsfähigkeit entfalten und ihre individuelle Entwicklung fördern muss. In der Tat hatte Susanne einige Jahre lang wegen der Kinder beruflich pausiert, war aber mit diesem Entschluss nie zufrieden gewesen. Zur Zeit der Erstellung des vorliegenden Solars war sie gerade wieder ins Berufsleben zurückgekehrt. Im Radix-Horoskop fällt der Mondknoten sozusagen folgerichtig in das zehnte Haus, das Haus des Berufes, und legt damit das Einsatzgebiet fest. Der Solar-Mondknoten bildet außerdem eine Opposition zu einer Mars-Neptun-Konjunktion im zehnten Haus, die in Verbindung steht mit der schon einmal angesprochenen Neptun-Venus-Konjunktion im ersten Radix-Haus. Wie man sieht, tauchen wichtige Themen in verschiedenen Kombinationen mehrmals auf. Der Solar-Mondknoten fällt in das zweite Radix-Haus; dies bedeutet, dass für Susanne eine eigene materielle Versorgung wichtig ist, was wiederum mit dem Thema der Solar- und Radix-Sonne auf der gleichen Achse (Haus 2/8) korrespondiert.

Wie wir bereits festgestellt haben, fällt der Solar-AC in das siebte Radix-Haus (Begegnungen und Partnerschaft), und tatsächlich war dies für Susanne – wie zu Beginn des Kapitels bereits festgestellt – im fraglichen Jahr ein Thema. Saturn am Solar-AC deutet die Schwierigkeiten an, und der Solar-DC, der auf die Neptun-Venus-Konjunktion im ersten Radix-Haus fällt, weist darauf hin, dass Susanne diese Schwierigkeiten lange nicht sehen wollte. Aufgetaucht waren sie, als Susanne wieder berufliche Pläne schmiedete. Ihr Mann konnte den Gedanken nur schwer ertragen, dass seine Frau – wie auch früher schon – im Beruf erfolgreicher sein könnte als er. Inzwischen hat Susanne ihr Vorhaben verwirklicht, denn heute steht sie – bei aller Liebe zu ihrer Familie – strahlend und stark im Beruf ihre Frau.

> **Lassen Sie sich von der Fülle der Informationen nicht verwirren! Am besten ist es, Sie legen sich eine Liste mit den wichtigsten beschriebenen Kriterien an, nach der Sie Punkt für Punkt vorgehen.**

Impressum

© 2000 W. Ludwig Buchverlag, München, in der Econ Ullstein List Verlag GmbH & Co. KG, München

Nachdruck – auch auszugsweise – nur mit Genehmigung des Verlags.

Redaktion:
Christine Pfützner

Projektleitung:
Berit Hoffmann

Redaktionsleitung:
Dr. Reinhard Pietsch

Bildredaktion:
Tanja Nerger

Umschlag:
Till Eiden

DTP/Satz:
Maren Scherer, München
Mihriye Yücel, München

Produktion:
Manfred Metzger (Leitung), Annette Aatz, Dr. Erika Weigele-Ismael

Druck:
Weber Offset, München

Bindung:
R. Oldenbourg, München

Gedruckt auf chlor- und säurearmem Papier
Printed in Germany

ISBN 3-7787-3877-1

Literaturverzeichnis

Verena Bachmann: Die Zyklen der Planeten; Astrologie Heute, Nr. 63 bis 69
Wolfgang Döbereiner: Astrologisches Lehr- und Übungsbuch, Band 1-6; Verlag Wolfgang Döbereiner, München, 1978-1987
Robert Hand: Das Buch der Transite; Hugendubel Verlag, München, 1991
Betty Lundsted: Transite; Urania Blaue Reihe 18, Sauerlach, 1980/87
Marion D. March/Joan McEvers: Lehrbuch der astrologischen Prognose, Ebertin-Verlag, Freiburg, 1993
Tracy Marks: Astrologie der Selbst-Entdeckung, Verlag Hier & Jetzt, Hamburg, 1989
Hermann Meyer: Astrologie und Psychologie, Hugendubel Verlag, München, 1989
Michael Roscher: Astrologische Aspektlehre mit Transiten, Knaur Astrologie, München, 1997
Wilfried Schütz: Die innere Dynamik des Aszendenten, Seminarlektion für die Ausbildung von Astrologen am Institut für psychologische Astrologie, München
Claude Weiss: Solar-Horoskope; Seminarunterlagen und eigene Mitschriften Wochenend-Seminar 10/97 in München
Die im Buch abgebildeten Horoskop-Ausdrucke entstammen dem Computerprogramm »Astro-World«, mit dem Frau Zehl in der Praxis arbeitet (AstroWorld Int., 35001 Marburg, Tel. 06421/ 13827).

Über die Autorin

Hermine-Marie Zehl, aufgewachsen in Wien, lebt heute als freie Autorin, Redakteurin und Astrologin in Hamburg. Sie wurde am Institut für psychologische Astrologie in München zur psychologischen Astrologin ausgebildet und machte ihren Abschluss in Soziologie an der Hochschule für Wirtschaft und Politik in Hamburg. Sie gibt astrologische Seminare in Hamburg und Berlin und veröffentlichte im Ludwig Verlag u. a. die Bücher »Wendepunkte im Leben« sowie »Grundkurs Astrologie«.

Hinweis

Das vorliegende Buch ist sorgfältig erarbeitet worden. Dennoch erfolgen alle Angaben ohne Gewähr. Weder Autorin noch Verlag können für eventuelle Schäden, die aus den im Buch gemachten Hinweisen resultieren, eine Haftung übernehmen.

Bildnachweis

Astrofoto, Leichlingen: U1/Einklinker (Koch); Bavaria Bildagentur, Gauting b. München: 19 (PP); Premium, Düsseldorf: U1/Fond, Vorsatz und Nachsatz (Orion Press), 26 (J.F. Rock/NGS), 35 (G. Huglin/Images Colour), 45 (K. Stimpson), 69 (Hänel).
Die Illustrationen stammen von Christian Weiß, München.

Register

Aspekte zu den Planeten 32f.
– Transit-Sonne 33
– Transit-Merkur 35
– Transit-Venus 36
– Transit-Mars 37
– Transit-Jupiter 38
– Transit-Saturn 39
– Transit-Uranus 40
– Transit-Neptun 42
– Transit-Pluto 43
Aszendent 54
– Widder 54
– Stier 55
– Zwilling 56
– Krebs 57
– Löwe 58
– Jungfrau 59
– Waage 60
– Skorpion 61
– Schütze 62
– Steinbock 63
– Wassermann 64
– Fische 65
Auslösungen 71f.

Beispielhoroskop
– Andreas 47
– Anna 50
– Susanne 78
Berechnung der Aus-
lösungen 73

Deutungsmodelle 12

Häuserthemen 51f.

Konjunktionen 32

Oppositionen 32

Quadrate 32

Planeten 8f.
– Umlaufzeit 8
– Rückläufigkeit 10
– Aspekte 32
Planeten im Solar 90f.
– Aktivierungen 91
– Wiederholungen 91
– Ballungen 91
– Saturn-Frage 92
– Mondknoten 93

Sextile 32
Siebenjahres-Herrscher 49
Siebenjahres-Rhythmus 48
Solar-Horoskop 76f.
– Deutung 77
Solar-Achsen 82
Sonne im Solar 87f.

Transite 8f.
– Wirkung 10
– Deutung 11
– Mond 13
– Sonne 13
– Merkur 13
– Venus 14
– Mars 14
– Jupiter 14
– Saturn 15
– Uranus 15
– Neptun 16
– Pluto 16
– 1. Haus 17
– 2. Haus 18
– 3. Haus 20
– 4. Haus 21
– 5. Haus 22
– 6. Haus 23
– 7. Haus 24
– 8. Haus 26
– 9. Haus 27
– 10. Haus 28
– 11. Haus 30
– 12. Haus 31
Trigone 32

Umlaufzeit der Planeten 8

Zeichenqualitäten 67